分県登山ガイド 09

群馬県の山

太田ハイキングクラブ 著

山と溪谷社

分県登山ガイド 09

群馬県の山

目次

群馬県の山 全図 04
概説 群馬県の山 06

◉ 谷川岳と周辺
01 谷川岳①天神尾根 10
02 谷川岳②巌剛新道 16
03 白毛門 18
04 三国峠・三国山 20
05 吾妻耶山 22
06 稲包山 24

◉ 武尊山・尾瀬
07 玉原湿原・鹿俣山 26
08 武尊山①藤原口 28
サブコース 旧武尊高原川場キャンプ場口 30
09 武尊山②オグナほたか口 31
サブコース 武尊牧場キャンプ場口 33
10 尾瀬ヶ原 36
11 至仏山 38
12 笠ヶ岳 42

◉ 奥日光・足尾山地
13 日光白根山 44
14 四郎岳・燕巣山 48
15 皇海山 50
16 前袈裟丸山 53
17 後袈裟丸山 56
18 根本山・熊鷹山 58
19 鳴神山 60
20 吾妻山 62
21 三境山・残馬山 64
22 八王子丘陵 66
23 金山 68

◉ 赤城山と周辺
24 黒檜山 70

25 鈴ヶ岳……74
26 荒山・鍋割山……76
27 長七郎山・地蔵岳……78
28 大猿川周回尾根……80

◉県央

29 嵩山……82
30 岩櫃山……84
31 十二ヶ岳・小野子山……86
32 子持山……88

◉榛名山

33 榛名天狗山……90
34 掃部ヶ岳・杏ヶ岳……93
35 二ッ岳……95
36 相馬山……98
37 水沢山……100

◉上信越国境

38 白砂山……102
39 三壁山・エビ山……106
40 草津白根山……108
41 四阿山……111
42 湯ノ丸山……114
43 浅間隠山……116
44 鼻曲山……118
45 角落山・剣の峰……120

◉西上州

46 丁須の頭（裏妙義）……122
47 表妙義自然探勝路（中間道）……124
48 御堂山……126
49 鍬柄岳（石尊山）・大桁山……128
50 荒船山……130
51 立岩……132
52 黒瀧山……134
53 四ッ又山・鹿岳……136
54 大岩・三段の滝……138
55 三ッ岩岳……140
56 烏帽子岳……142
57 桧沢岳……144
58 天狗岩……146
59 稲含山……148
60 笠丸山……150
61 諏訪山……152
62 大ナゲシ・赤岩岳……154
63 大山・天丸山・帳付山……156
64 神成山……158

●本文地図主要凡例●

紹介するメインコース。

本文か脚注で紹介しているサブコース。一部、地図内でのみ紹介するコースもあります。

Start Goal Start Goal 225m 出発点／終着点／出発点および終着点の標高数値

管理人在中の山小屋もしくは宿泊施設

紹介するコースのコースタイムのポイントとなる山頂。

コースタイムのポイント。

管理人不在の山小屋もしくは避難小屋

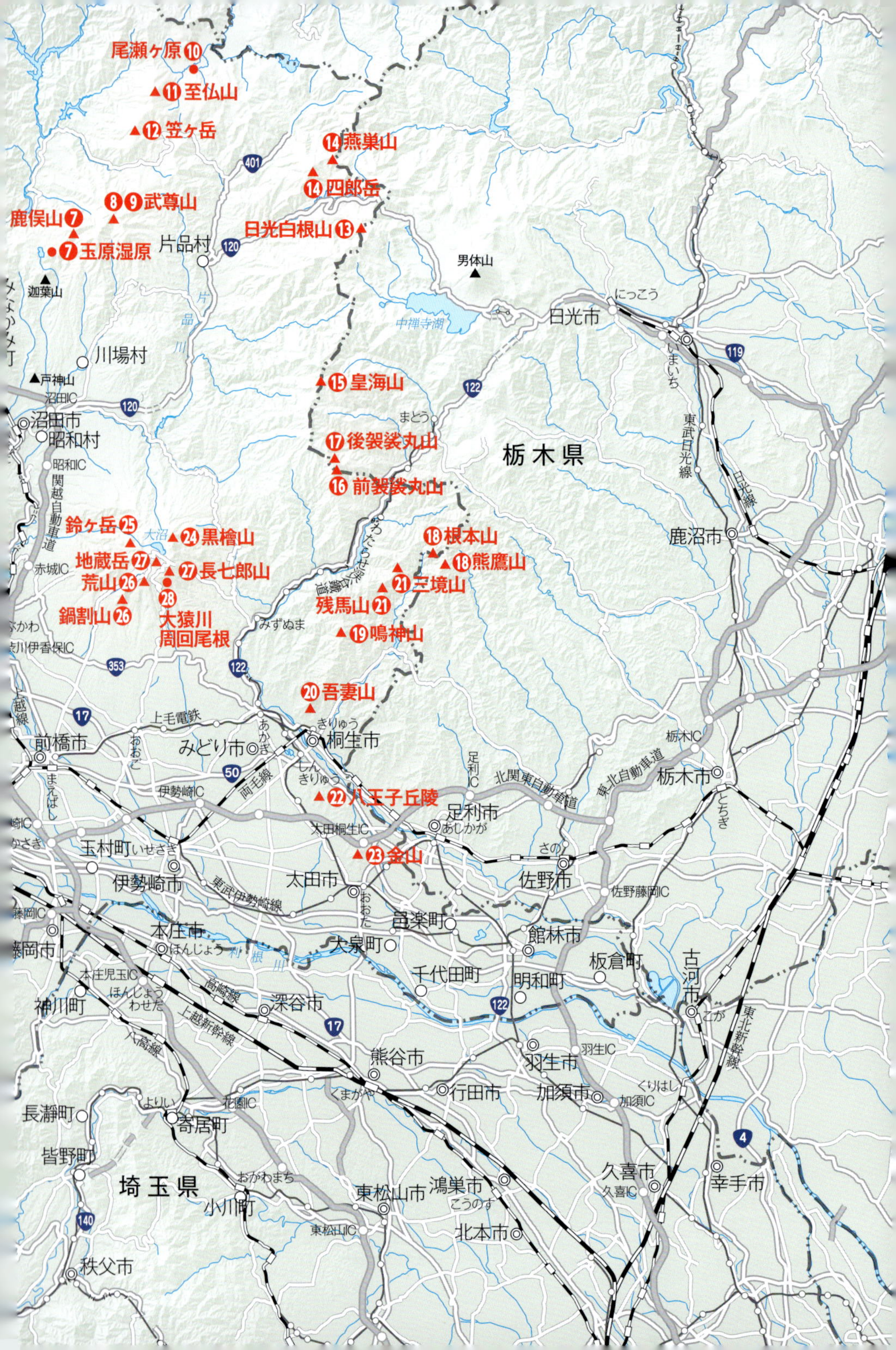

尾瀬ヶ原⑩
⑪至仏山
⑫笠ヶ岳
⑭燕巣山
⑭四郎岳
⑧⑨武尊山
鹿俣山⑦
⑦玉原湿原
日光白根山⑬
片品村
男体山
中禅寺湖
日光市
にっこう
いまいち
迦葉山
川場村
戸神山
沼田IC
沼田市
昭和村
昭和IC
関越自動車道
⑮皇海山
まとう
⑰後袈裟丸山
⑯前袈裟丸山
栃木県
東武日光線
日光線
鹿沼市
鈴ヶ岳㉕
㉔黒檜山
地蔵岳㉗
㉗長七郎山
荒山㉖
鍋割山㉖
㉘
大猿川
周回尾根
赤城IC
⑱根本山
⑱熊鷹山
㉑三境山
残馬山㉑
⑲鳴神山
わたらせ渓谷鐵道
みずぬま
渋川伊香保IC
⑳吾妻山
上越線
上毛電鉄
前橋市
まえばし
おおご
みどり市
あかぎ
きりゅう
桐生市
しんきりゅう
両毛線
伊勢崎IC
足利IC
北関東自動車道
東北自動車道
栃木IC
栃木市
とちぎ
㉒八王子丘陵
足利市
あしかが
太田桐生IC
㉓金山
玉村町
いせさき
伊勢崎市
東武伊勢崎線
太田市
おおた
さの
佐野市
佐野藤岡IC
邑楽町
館林市
板倉町
古河市
こが
藤岡IC
藤岡市
本庄市
ほんじょう
利根川
大泉町
千代田町
明和町
本庄児玉IC
ほんじょうわせだ
神川町
高崎線
上越新幹線
深谷市
八高線
熊谷市
くまがや
羽生IC
羽生市
東北新幹線
行田市
加須市
くりはし
加須IC
長瀞町
よりい
寄居町
花園IC
皆野町
埼玉県
おかわまち
小川町
東松山市
東松山IC
鴻巣市
こうのす
北本市
久喜市
久喜IC
幸手市
秩父市
401
120
122
119
353
17
50
4
140

群馬県の山全図

本書で紹介する山名とコース番号
市役所・町村役場
国道と国道ナンバー
高速道路・自動車専用道路
JR線
JR新幹線
私鉄線
1:550,000
0
15km
新潟県
長野県
白毛門 3
谷川岳 1 2
三国山 4
三国峠 4
吾妻耶山 5
稲包山 6
白砂山 38
三壁山 39
エビ山 39
草津白根山 40
四阿山 41
湯ノ丸山 42
浅間隠山 43
鼻曲山 44
角落山 45
45 剣の峰
丁須の頭（裏妙義）46
表妙義自然探勝路 47（中間道）
御堂山 48
大桁山 49
鍬柄岳 49
荒船山 50
立岩 51
52 黒瀧山
鹿岳 53
53 四ッ又山
三段の滝 54
54 大岩
三ッ岩岳 55
烏帽子岳 56
57 桧沢岳
58 天狗岩
59 稲含山
60 笠丸山
諏訪山 61
62 大ナゲシ
62 赤岩岳
天丸山 63
帳付山 63
63 大山
神成山 64
29 嵩山
岩櫃山 30
31 十二ヶ岳
小野子山 31
榛名天狗山 33
掃部ヶ岳 34
杏ヶ岳 34
35 二ッ岳
36 相馬山
37 水沢山
子持山
苗場山
岩菅山
阿能川岳
赤沢峠
四万温泉
石尊山
高田山
草津温泉
草津町
高山村
中之条町
長野原町
嬬恋村
高ジョッキ
浅間山
軽井沢町
御代田町
小諸市
東御市
上田市
長和町
立科町
佐久市
佐久穂町
小海町
蓼科山
南牧村
下仁田町
富岡市
安中市
神流町
上野村
赤久縄山
二子山
両神山
小鹿野町
渋川
榛東村
伊香保温泉
榛名湖
野反湖
長野IC
上田菅平IC
東部湯の丸IC
小諸IC
佐久IC
碓氷軽井沢IC
松井田妙義IC
下仁田IC
富岡IC
水上IC
北陸新幹線
信越本線
吾妻線
しなの鉄道
小海線
上信電鉄
上信越自動車道

概説 群馬県の山

――太田ハイキングクラブ

群馬県は本州のほぼ中央に位置し、総面積の約85％を山地が占め、「上毛三山」で親しまれる赤城山、榛名山、妙義山をはじめ、2000m級の谷川岳、浅間山など、登山者に人気の名峰が集まっている。海抜12mの低地から2500m以上の高山にいたるまで、緑豊かで豊富な水に恵まれた自然は、変化に富み、7000種を超える野生動植物が生息・生育している。

一方、開発や捕獲、採取、外来種の影響などで、1235種の動植物がレッドデータブックに掲載されている（2022年版）。私たちは登山を楽しみながら、自然が与えてくれる恵みに感謝し、自然に対する畏敬の念をもち、山への思いを深めていきたい。そして本書が私たちになにができるかを考える契機となればと思う。

群馬県は東京から100km圏にあり、関越自動車道や上信越自動車道、北関東自動車道の開通により、日帰り登山の領域が大きく広がった。

首都圏を中心に多くの登山者の注目に呼応するように、群馬県は平成16年に「ぐんま百名山」を選定。平成28年には群馬県と群馬県山岳団体連絡協議会で「群馬県山のグレーディング」（登山ルート別難易度評価）を作成している。

●山々の四季

利根川水系の源流にあたる群馬県には、北東部に日光と足尾山塊、北部に越後山脈（三国山脈）、西部と南部に関東山地、県央部に赤城山や榛名山がある。

●谷川連峰を中心とした山　谷川連峰を有名にしているのはマチガ沢、一ノ倉沢に代表される岩壁であり、険しい岩山のイメージが強い。谷川岳を代表に1900m級の山々が連なり、風雪に磨かれている。しかし、なだらかな稜線が続く穏やかな山も少なくない。

●尾瀬とその周辺の山　日本海側気候と太平洋側気候の接点にあり、尾瀬を代表とする多種多様な自然環境をあわせもち、大自然のさまざまな景観を凝縮して見せてくれる。武尊山の周辺にはブナ林など自然の豊かさが魅力のコースが多い。

●日光と足尾山塊、東毛の山　日光白根山と、その南に連なる奥日光から足尾の山々は自然林に覆われ、クマやニホンカモシカが生息する。渡良瀬川源流の皇海山、花の名山である袈裟丸山などがある。また、県南東部の桐生市や太田市・館林市を東毛とよび、低山が多く冬場の日だまりハイクやトレーニングにも最適である。

●赤城山　榛名山、妙義山と並んで、上毛三山に数えられる群馬県を代表する山域。最高峰の黒檜

初夏の奥袈裟小法師尾根を彩るシロヤシオ

鳥居峠からヤシオツツジに彩られる覚満淵(手前)と大沼

山、駒ヶ岳、長七郎山、荒山、地蔵岳、鍋割山、鈴ヶ岳などからなる。関東平野から見る大きな裾野を広げる山容が美しい

●県央の山　JR吾妻線沿線に広がる山々で、史跡や日帰り温泉施設も多く、変化のあるハイキングが楽しめる。嵩山や岩櫃山のような岩山では凍結により冬季登山禁止となるコースもある。

●榛名山　伊香保温泉や榛名神社、水沢観音などの神社仏閣、景勝地が多い山域。雪も少なく、早春から晩秋までハイキングシーズンが長い。

●信越国境の山　野反湖、草津白根山、浅間山など、火山と温泉、高原と景勝地に恵まれている。2016年には浅間山北麓がジオパーク（貴重な地質遺産をもち、考古学や生態学、歴史文化的にも貴重な価値がある一定の地域を保存する自然公園）に認定されている。

●西上州の山　標高1000メートル級でコンパクトな西上州の山は、標高差も少なく、歩行時間も短い。家族で行けるハイキングコースから、岩峰をそばだてている日本三大奇景のひとつ、妙義山といった熟達者向けコースまで変化に富んでいる。

清秋の尾瀬ヶ原

●四季の魅力と心がまえ

●春　高原では雪解けのせせらぎや小鳥たちのさえずりが響きはじめる。パステル色の季節。かろやかな春の訪れ。ヤシオツツジやカタクリ、ミズバショウなど、愛らしい春の花々が顔を見せはじめる。

●夏　森の緑が輝きを増し、透き通った風が高原を駆け抜ける。レンゲツツジ、ニッコウキスゲ、コマクサ、レンゲショウマなど可憐な花々は、短い季節を精一杯楽しむかのように、美しい色彩を競い合う。

●秋　色とりどりの紅葉は、大自然が描く巨大なキャンパス。鮮やかな色彩に包まれ、あっという間に冬支度をすませる。

●冬　静まりかえった静寂の世界。冬だけが見せる神聖さに満ちた美しさ。訪れる人の心を透き通るように洗い清める。

上信越国境の山々は10～4月まで積雪により一般ハイカーは入れない。標高1000メートル前後の山々では4月下旬からアカヤシオが咲きはじめる。夏になると上州名物のカミナリが、赤城山、榛名山、御荷鉾山（みかぼやま）周辺から発生することが多い。紅葉は9月末～10月上旬に上信越国境からはじまる。この時期は初雪にも見舞われる。充分な計画と調査、体力と経験に見合ったコースを選びたい。

登山日は、それぞれの山の自然が最も楽しめる季節を選びたい。夏には暑さを避けて2000メートル級の山を、冬には積雪が少ない東毛（とうもう）や西上州の低山がおすすめだ。ひとつひとつの山を季節やコースを変えて楽しみ、魅力を存分に味わっていただきたい。

本書ではサブコースを地図上に緑破線で示している。また2万5000分の1地形図には載っていない登山道もできるかぎり記載した。しかし、紙面や地図の範囲が限られ、表示しきれない部分も多い。

地方のバス路線は廃止や運行本数の削減などで登山には使えないことも多い。本書では現実的なマイカー利用を考慮し、駐車場や林道への乗り入れの可否も調査した。しかし、林道や作業道は台風や大雨、雪崩などの影響を受けやすく、通行止めになることもしば

谷川岳主脈縦走路の紅葉と肩ノ小屋

中之条町のチャツボミゴケ

右上：尾瀬と谷川岳に咲くオゼソウ／右下：蛇紋岩地帯に咲くホソバヒナウスユキソウ／左上：草津白根山のコマクサ／左下：湯ノ丸山の初夏を彩るレンゲツツジ

しばある。事前に地元自治体に確認することが必要だ。また、林道・作業道での路肩駐車は地元住民の交通の妨げにならないように注意したい。私有地での駐車は所有者に了解を得て停めたい。

●安全登山のために

群馬県の山は標高こそ500～2000メートルだが、岩場も多く、コースは変化に富んでいる。目指す山やコースの概要をよく精査して出かけることが大切だ。本書の案内記事を参考にして、体力・技術にあったコースを選び、無理のない山歩きを楽しんでほしい。山岳遭難を防ぐ手立てのひとつとして群馬県が作製した「群馬県山のグレーディング」も参考になるだろう。

なお、本書のコースタイムは一般ハイカーを対象として設定し、往路・復路のタイムを記載している。

数ある登山道の中には、道標のないところや道が不鮮明なところ、崩壊地もある。最新情報を確認し、地図・コンパス・GPSなど利用し、現在地を確認しながら安全登山を楽しんでいただきたい。

妙義山の岩峰群

本書の使い方

■日程　前橋市や高崎市などを起点に、アクセスを含めて、初級クラスの登山者が無理なく歩ける日程としています。

■歩行時間　登山の初心者が無理なく歩ける時間を想定しています。ただし休憩時間は含みません。

■歩行距離　2万5000分ノ1地形図から算出したおおよその距離を紹介しています。

■累積標高差　2万5000分ノ1地形図から算出したおおよその数値を紹介しています。は登りの総和、は下りの総和です。

■技術度　5段階で技術度・危険度を示しています（群馬県の山の場合は4段階が最高ランク）。は登山の初心者向きのコースで、比較的安全に歩けるコース。は中級以上の登山経験が必要で、一部に岩場やすべりやすい場所があるものの、滑落や落石、転落の危険度は低いコース。は読図力があり、岩場を登る基本技術を身につけた中～上級者向きで、ハシゴやクサリ場など困難な岩場の通過があり、転落や滑落、落石の危険度があるコース。は登山に充分な経験があり、岩場や雪渓を安定して通過できる能力がある熟達者向き、危険度の高いクサリ場や道の不明瞭なやぶがあるコース。は登山全般に高い技術と経験が必要で、岩場や急な雪渓など、緊張を強いられる危険箇所が長く続き、滑落や転落の危険が極めて高いコースを示します。

■体力度　登山の消費エネルギー量を数値化することによって安全登山を提起する鹿屋体育大学・山本正嘉教授の研究成果をもとにランク付けしています。ランクは、①歩行時間、②歩行距離、③登りの累積標高差、④下りの累積標高差に一定の数値をかけ、その総和を求める「コース定数」に基づいて、10段階で示しています。が1、が2となります。通常、日帰りコースは「コース定数」が40以内で、～（1～3ランク）。激しい急坂や危険度の高いハシゴ場やクサリ場などがあるコースは、これに～（1～2ランク）をプラスしています。また、山中泊するコースの場合は、「コース定数」が40以上となり、泊数に応じて～もしくはそれ以上がプラスされます。紹介した「コース定数」は登山に必要なエネルギー量や水分補給量を算出することができるので、疲労の防止や熱中症予防に役立てることもできます。体力の消耗を防ぐには、下記の計算式で算出したエネルギー消費量（脱水量）の70～80パーセント程度を補給するとよいでしょう。なお、夏など、暑い時期には脱水量はもう少し大きくなります。

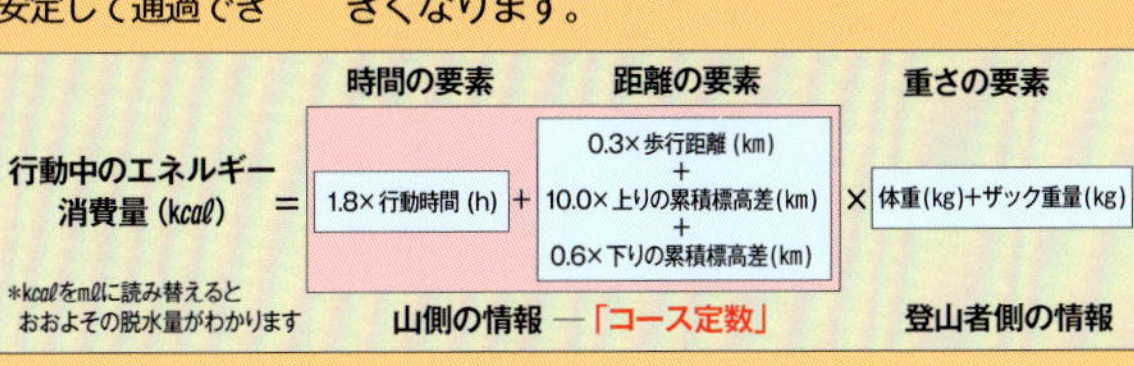

01

ロープウェイを利用。広大な展望が楽しめる日帰りの人気ルート

谷川岳① 天神尾根

たにがわだけ てんじんおね
1977m(オキノ耳)

歩行時間=5時間20分
歩行距離=6・8km

技術度 体力度

コース定数=21

標高差=658m

累積標高差 836m 836m

谷川岳は、群馬・新潟の県境にある三国山脈の一山である。周囲の万太郎山、仙ノ倉山、茂倉岳などを総じて谷川連峰とよんでいる。首都圏から近く、高山植物の宝庫であり、魅力ある名山として、最近では中高年登山者や若者、家族連れの間で人気が高まっている。また、一ノ倉沢などの谷川岳の岩場は、その険しさから剱岳や穂高岳とともに「日本三大岩場」のひとつに数えられ、ロッククライミングの聖地としてクライマーあこがれの山でもある。

田尻尾根を眼下にいっきに標高1319㍍の天神平へ

JR土合駅から国道291号を北上し、谷川ロープウェイ土合口駅に着く。車の場合は谷川岳ベースプラザか、500㍍手前の谷川岳インフォメーションセンターに隣接する登山者用駐車場を利用し、谷川岳ロープウェイに乗る。ロープウェイからの眺望はすばらしく、眼下に西黒沢、後方に白毛門、笠ヶ岳、朝日岳、行く手に谷川岳の双耳峰などがよく見える。15分で**天神平**へ到着。準備体操をして出発しよう。

登山路は、ロープウェイ天神平駅からすぐ右手に尾根を巻いていくルートと、リフトで天神峠まで登り、穏やかな尾根伝いに行くルートの2つがある。天神峠からのルートは、途中で先の天神平駅からのコースと合流する。ここでは前者のルートを行くことにしよう。雨後の木道はすべりやすく、岩が出ているので、一歩一歩注意深く歩きたい。

1時間弱で**熊穴沢避難小屋**(無人、中にはベンチがあるのみ)に着く。谷川温泉から登ってくるいわお新道との合流点である。ここでゆっくり休んで頂上への急な登りに備えよう。天気の悪化や体調不良の時はここまでの行程とし、決して無理をしないこと。

■鉄道・バス

往路・復路=JR上越線水上駅から谷川岳ロープウェイ行き関越交通バスで25分。JR上越新幹線上毛高原駅からも谷川岳ロープウェイ行き同バスが利用できる。所要50分。

■マイカー

関越自動車道水上ICから国道291号を谷川岳方面へ9㌔、約20分。

■登山適期

新緑は6月上旬から。しかし山頂手前に残雪が残る。紅葉は9月下旬~10月上旬。6月下旬~9月がベストシーズン。

■アドバイス

▽サブコース①=田尻尾根はロープウェイの下を通る尾根で、コースの上部は傾斜があるが、下部はなだらかになる。混雑時には下山路として利用価値がある。

▽サブコース②=天神平から天神峠までリフトを利用し、メインルートの合流点まで尾根を歩くルートは、天神峠からの展望や正面に谷川岳の雄大な展望を楽しめる。

▽谷川岳ロープウェイ駅には駅前に6階建ての屋内駐車場「谷川岳ベースプラザ」があり、約1000台可。

▽谷川岳ロープウェイは季節により運行時間が異なるので確認すること。最終便は上り16時30分、下り17時。

▽谷川肩ノ小屋は、ソーラー発電を備え、管理人が常駐している。4月

カタクリ咲く早春の天神平から、残雪の谷川岳

松ノ木沢の頭から見るトマノ耳とオキノ耳（左）、一ノ倉岳（右）、左はマチガ沢、中央が一ノ倉沢、右は幽ノ沢

谷川岳・天神尾根からの展望

避難小屋からは、急な岩場やクサリ場が待っている。混雑時には登りが優先であり、すれ違いなどには特に注意して慎重に岩場を登っていこう。やがて森林限界となり、天狗の留まり場といわれる展望のよい岩場に立つ。眼下に天神平が広がり、左手に俎嵓やオジカ沢ノ頭に続くのびやかな稜線が美しい。右手を見ると、急峻な西黒尾根を登る登山者の姿が小さく見える。

天神ザンゲ岩を通過すると、緩やかなササの草原になり、木道を登れば、やがて**肩ノ小屋**に着く。冬季を除き管理人が常駐しているので、天候の悪い日などは迷わず休憩していきたい。

タケシマラン

尾瀬と谷川岳に咲くオゼソウ

ハクサンコザクラ

蛇紋岩地帯に咲くホソバヒナウスユキソウ

オオヤマレンゲ

固有種のナエバキスミレ

小屋からササの中の道を行くと、双耳峰の最初のピークである**トマノ耳**に着く。周囲はさえぎるものもなく、大展望を楽しむことができる。白毛門からのびる谷川連峰の馬蹄形縦走の稜線、尾瀬の

下旬〜11月上旬。収容40人、素泊まり可。利用は要予約。休憩小屋利用については、年中利用可能。▽山旅の汗を流すには、湯テルメ谷川（☎0278・72・2619）、温泉センター諏訪の湯（☎0278・72・2056）がある ▽ロープウェイ土合駅のそばに谷川岳山岳資料館（☎0278・72・6446）があるので、立ち寄ってみよう。入館料無料。毎週木曜休館。

■問合せ先
みなかみ町役場観光商工課☎0278・62・2111、谷川岳登山指導センター☎0278・72・3688、谷川岳インフォメーションセンター☎0278・25・8830、関越交通バス沼田営業所☎0278・23・1111、関越交通タクシー☎0278・24・5151、谷川岳ロープウェイ☎0278・72・3575、谷川岳肩ノ小屋☎090・3347・0802

■2万5000分の1地形図
茂倉岳・水上

登山者のオアシス谷川岳肩ノ小屋と肩ノ広場へ続く登山道

山々、上州武尊山、赤城山、西に目を向ければ、国境稜線の先に苗場山までくっきりと稜線を浮かび上がらせている。

トマノ耳の先に、双耳峰のもう一峰の**オキノ耳**がある。この間は高山植物の宝庫なので、ゆっくりと鑑賞しながら歩きたい。ハクサンコザクラ、オノエラン、ハクサンイチゲ、ミネザクラなどが稜線を彩り、花には無縁の登山者にも見すごせないところだ。両ピークとも360度の大展望が広がるので、ゆっくり休憩し、雄大な山々の懐に浸ろう。

下山はロープウェイの時間に間に合うよう、余裕をもって往路を戻ること。疲れが出る下山では、転倒が多いので注意したい。トマノ耳から広がる草原は肩ノ広場とよばれ、視界が悪い時などは方向を見失う恐れがあるので充分注意したい。早い年には、10月初めにみぞれや初雪が降ることもある。しっかりとした防寒対策も忘れずに。

（橋本紀美子）

トマノ耳からオキノ耳へ。左から茂倉岳、一ノ倉岳

CHECK POINT

1 天神峠と天神平の合流点。すべりやすい木道が続く

2 熊穴沢避難小屋。休憩には絶好の場所である

3 クサリ場では混雑時のすれ違いに注意しよう

4 登った分だけ展望が広がる。天狗の留まり場は近い

5 天狗の留まり場。体調や天候が不安なら引き返そう

6 登山道がたおやかな登りになると、肩ノ小屋は近い

7 階段状の木道が現れると肩ノ小屋への最後の登り。7月上旬まで残雪が残る

8 トマノ耳山頂で憩う登山者。写真左奥はオキノ耳

9 オキノ耳へ。稜線左に茂倉岳、右に一ノ倉岳。眼前に迫力ある岩場と展望だ

＊コース図は14～15ページを参照。

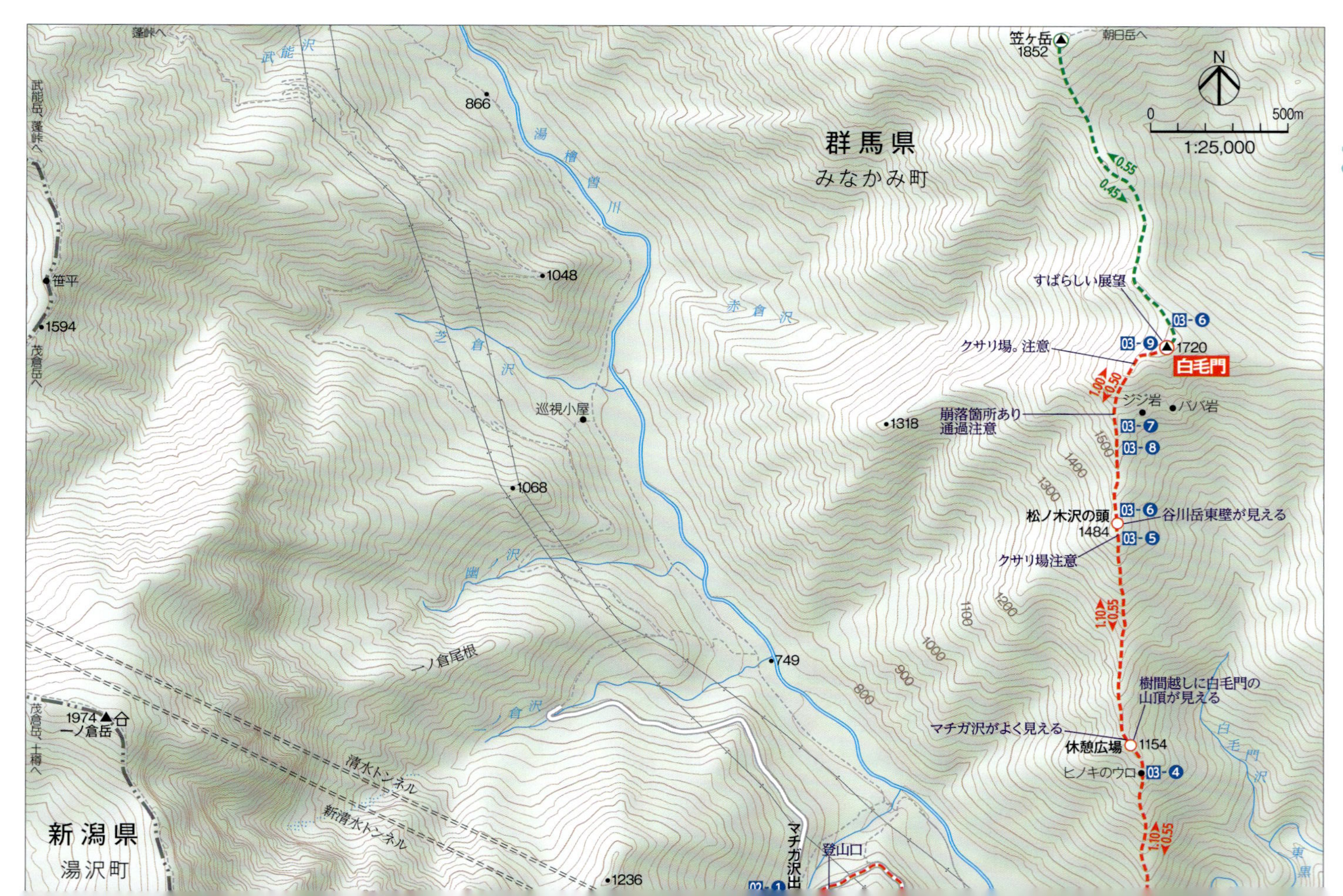

蓬峠へ
武能沢
武能岳、蓬峠へ
866
湯檜曽川
群馬県
みなかみ町
笹ヶ岳
1852
朝日岳へ
N
0
500m
1:25,000
0.55
0.45
笹平
1594
茂倉岳へ
1048
赤倉沢
芝倉沢
すばらしい展望
03-6
03-9
1720
クサリ場。注意
白毛門
1.00
0.50
巡視小屋
ジジ岩
ババ岩
1318
崩落箇所あり
通過注意
03-7
03-8
1068
1500
1400
1300
03-6
松ノ木沢の頭
1484
谷川岳東壁が見える
03-5
クサリ場注意
幽ノ沢
1200
1100
1.10
0.55
1000
一ノ倉尾根
749
900
800
茂倉岳、土樽へ
1974
一ノ倉岳
一ノ倉沢
樹間越しに白毛門の
山頂が見える
マチガ沢がよく見える
休憩広場
1154
白毛門沢
清水トンネル
ヒノキのウロ
03-4
新清水トンネル
1.10
0.55
新潟県
湯沢町
マチガ沢出合
登山口
1236
03-1
東黒沢

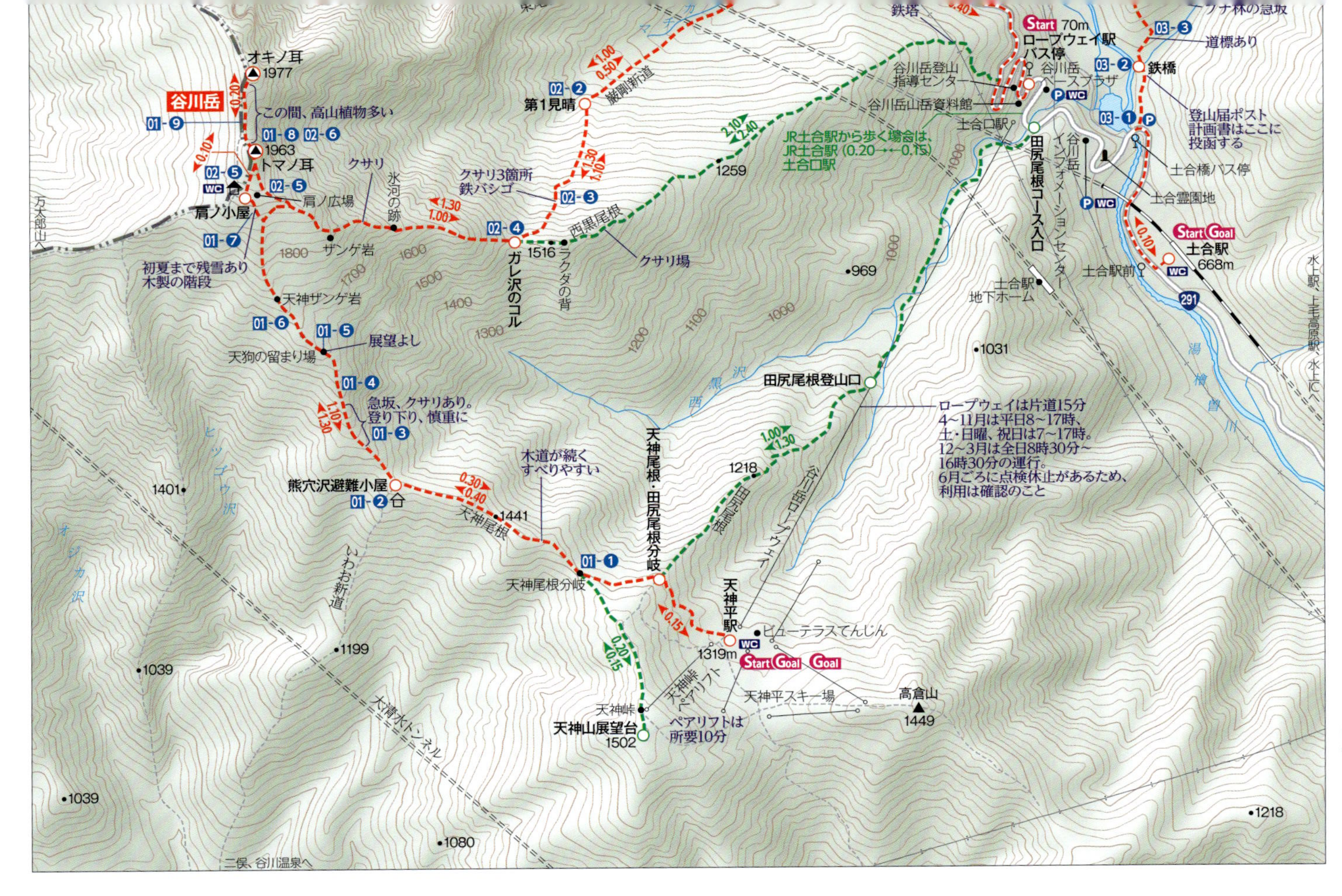

谷川岳
オキノ耳
1977
この間、高山植物多い
トマノ耳
1963
肩ノ小屋
肩ノ広場
初夏まで残雪あり
木製の階段
ザンゲ岩
クサリ
氷河の跡
天神ザンゲ岩
展望よし
天狗の留まり場
急坂、クサリあり。
登り下り、慎重に
熊穴沢避難小屋
木道が続く
すべりやすい
天神尾根
1441
天神尾根分岐
天神尾根・田尻尾根分岐
田尻尾根
田尻尾根登山口
天神平駅
1319m
ビューテラスてんじん
天神峠
天神峠ペアリフト
ペアリフトは
所要10分
天神山展望台
1502
天神平スキー場
高倉山
1449
谷川岳ロープウェイ
ロープウェイは片道15分
4～11月は平日8～17時、
土・日曜、祝日は7～17時。
12～3月は全日8時30分～
16時30分の運行。
6月ごろに点検休止があるため、
利用は確認のこと
第1見晴
巌剛新道
クサリ3箇所
鉄バシゴ
ガレ沢のコル
1516
ラクダの背
西黒尾根
クサリ場
1259
JR土合駅から歩く場合は、
JR土合駅（0.20←→0.15）
土合口駅
ロープウェイ駅
バス停
70m
谷川岳ベースプラザ
谷川岳登山指導センター
谷川岳山岳資料館
土合口駅
田尻尾根コース入口
谷川岳インフォメーションセンター
鉄塔
道標あり
ブナ林の急坂
鉄橋
登山届ポスト
計画書はここに
投函する
土合橋バス停
土合霊園地
土合駅
668m
土合駅前
土合駅
地下ホーム
湯檜曽川
西黒沢
ヒツゴウ沢
オジカ沢
いわお新道
大清水トンネル
万太郎山へ
二俣、谷川温泉へ
水上駅、上毛高原駅、水上ICへ
1039
1401
1199
1080
1218
969
1031
Start
Goal

02

マチガ沢上部の圧倒する岩峰と展望を楽しむ

谷川岳② 巌剛新道

たにがわだけ　がんごうしんどう
1977m（オキノ耳）

日帰り

歩行時間＝7時間25分
歩行距離＝8・6㎞

技術度
体力度

コース定数＝31
標高差＝1227m
累積標高差 ↗1394m ↘836m

谷川岳は、トマノ耳・オキノ耳の耳2つを擁する双耳峰で、三角点はトマノ耳にある。谷川連峰の中心で、最高点はオキノ耳の1977メートル。日本屈指の岩場として知られ、特殊な地勢と気象は日本アルプス3000メートル級の高山に匹敵し、マチガ沢や一ノ倉沢、幽ノ沢などでは、夏でも万年雪を見ることができる。

急峻な西黒尾根。右はトマノ耳。左は天神平

紹介する巌剛新道は、マチガ沢の景観を見ながら登るコースで、西黒尾根前半の樹林帯を直登する単調な登りをエスケープできることから、天神尾根に次いで人気のあるコースである。

マチガ沢出合に立つ巌剛新道の道標から沢沿いの道に入る。いくつかの小さな沢を横切りながら、灌木帯の中を進む。しばらく行くとマチガ沢が目前に開ける**第1見晴**に着く。ここからは山腹の急登となり、クサリ場や鉄バシゴを通過する。注意が必要だ。

登山道が巻道になると稜線は近い。**ガレ沢のコル**で西黒尾根と合流すると、右にマチガ沢、左に西黒沢が開け、アルペン的な景観が広がる。森林限界を抜け、南に天神尾根の稜線を見ながらたどる岩稜は、いよいよ西黒尾根の神髄を呈するようになり、斜面は一層きつくなる。ただし、谷川岳ならではのすばらしい眺望が、登高の苦痛を忘れさせてくれるだろう。足もとには可憐な高山植物が咲き、これも楽しみのひとつだ。

やがて氷河の跡とよばれる一枚岩をすぎるとザンゲ岩が近い。尾根が広がり、傾斜が緩むと同時に笹原となり、肩ノ広場に着く。す

■鉄道・バス／■マイカー
往路・復路＝前項の10ページを参照。

■登山適期
6月初旬～10月中旬が適期。紅葉の美しい10月には降雪もあるため、充分な準備と注意の上で入山しよう。

■アドバイス
▽巌剛新道は、昭和29年、水上営林署の竹花巌、川中剛の両氏によって開かれたことから名がついた。また、ザンゲ岩は登拝する信者が俗事を悔い改めたところだと伝えられている。ガレ沢のコルから上部は岩場が多く、クサリ場もあるので要注意。

ザンゲ岩。登山道は右を巻いていく

▽谷川岳山岳資料館（☎0278・72・6446）は、ロープウェイ駅を左に見てカーブを登りつめたところにあり、谷川岳などの登山に関する貴重な資料を展示している。ここから先はマイカーの侵入は不可で、電気自動車が運行している。ただし期間・時間の制限があるため、利用は要確認。

■問合せ先

急峻な岩峰と谷川岳（左：トマノ耳、右：オキノ耳）。右は雪渓が残るマチガ沢

ぐ下には谷川岳肩ノ小屋があり、いざという時は心強い。

広場から尾根をたどれば、わずかの登りで**トマノ耳**に着く。360度の大パノラマを満喫しよう。近くは白毛門、笠ヶ岳、朝日岳から清水峠、さらに上州武尊山、巻機山から越後三山。西には苗場山、そして谷川連峰縦走路の山々が連なる。

頂上で展望を楽しんだら**オキノ耳**まで足をのばすとよい。稜線上には高山植物が多く見られ、谷川岳は花の山でもあることを知る。

下山は天神尾根の項を参照のこと。

（橋本克彦）

みなかみ町役場観光商工課☎0278・62・2111、谷川岳登山指導センター☎0278・72・3688、関越交通バス沼田営業所☎0278・23・1111

■2万5000分ノ1地形図

水上・茂倉岳

CHECK POINT

1 マチガ沢出合が巌剛新道の登山口

2 第1見晴からマチガ沢上部の残雪を見る

3 3箇所のクサリ場、1箇所のハシゴは慎重に

4 ガレ沢のコル。西黒沢を隔てた対面に天神平と天神峠を見わたすことができる

5 笹原を通過すると方位盤のある肩ノ小屋に到着

6 トマノ耳山頂から西黒尾根の稜線を望む

＊コース図は14～15ページを参照。

03

白毛門

一ノ倉沢、幽ノ沢など、谷川岳東壁を望む展望の山

しらがもん
1720m

日帰り

歩行時間＝6時間20分
歩行距離＝7・7km

技術度

体力度

コース定数 ＝26	
標高差 ＝1052m	
累積標高差	↗1114m ↘1114m

↑ナナカマド実る松ノ木沢の頭より谷川岳を望む。10月上旬ごろ

←ブナの林の中を登る。土が流され石が出ているので足もと注意

松ノ木沢の頭下のクサリ場

白毛門は湯檜曽（ゆびそ）川をはさんで谷川（たに がわ）岳と対峙している。松ノ木沢（まつ き さわ）の頭（かしら）から見る谷川岳東壁のパノラマは圧巻で、5月の芽吹き、6月のシャクナゲ、10月の紅葉と、四季

■鉄道・バス
往路・復路＝JR上越線土合駅下車。JR上越新幹線を利用する場合は上毛高原駅下車、関越交通バスを利用して水上駅を経由、土合橋バス停で下車する。

■マイカー
関越自動車道水上ICから国道291号を北上し、約20分。土合橋手前を右に入った広場に駐車可能。

■登山適期
残雪期の5月中旬から、芽吹き、花、紅葉と楽しめる。10月の下旬になり、降雪があるとハイキングとしては不適。

■アドバイス
▽登山コースにはトイレ、水はない。土合駅が利用可能。

起点となるJR上越線土合駅。日本一のモグラ駅で有名

▽笠ヶ岳への往復は白毛門（55分↓↑45分）笠ヶ岳。

▽宿泊希望の場合は近くに土合山の家（☎0278・72・5522）がある。

▽白毛門の山名由来は、冬にジジ岩、ババ岩が雪で氷門のようになり、山頂付近が白髪頭のように見えるので

それぞれに楽しませてくれる。

　コースは日帰りの場合、往復となる。２箇所の露岩の通過があるが、クサリがつけられているので問題はない。辛い登降のコースではあるが、谷川岳の大パノラマが疲れを忘れさせてくれる。土合橋手前を右に入った駐車スペースが登山口となるが、トイレや水はないので土合駅を利用するとよい。


錦秋の山頂付近から笠ヶ岳、朝日岳方面を望む

土合駅を右折して踏切を渡ると、すぐに土合橋前の駐車場に着く。奥まで行くと**鉄橋**が現れ、手前に登山届のポストがある。東黒沢を渡り、登山道に入る。ブナの気持ちのよい森だが、いっきに高度を増していく。

　1時間ほど歩くと右側にヒノキのウロが現れる。この上にひと息入れるのにちょうどよい**休憩広場**がある。ここから白毛門の山頂やマチガ沢も見えるようになる。急登もやや緩やかになり、松ノ木沢の頭へと続く。

　松ノ木沢の頭からは左手に谷川岳の東壁、マチガ沢、幽ノ沢。そして一ノ倉沢の雪渓や衝立岩なども展望できる。また、前方には目指す白毛門山頂や山名由来のジジ岩、ババ岩も見える。あきのこない第一級の展望台だ。

　山頂へは稜線伝いに小1時間ほどで着く。**白毛門**山頂からは笠ヶ岳から朝日岳へ続く稜線も見える。刺激的な谷川岳東壁とは対照的に、なだらかな稜線と山容が心をいやしてくれる。空気が澄んでいれば、遠く富士山も見える。

　復路は往路を戻るが、木の根に足をとられないように充分気をつけたい。

（稲村恭明）


名づけられた。「山」や「岳」とつかない珍しい山名である。
■問合せ先
谷川岳の項（12・17ページ）を参照。
■2万5000分ノ1地形図
茂倉岳・水上

CHECK POINT

1 土合橋手前を右に入った駐車スペースが登山道入口

2 東黒沢に架かる橋を渡って白毛門を目指す

3 東黒沢から離れると、本格的な登山コースとなる

4 稜線を1時間ほど歩くと右手に現れるヒノキのウロ

5 松ノ木沢の頭下。濡れているときは慎重に

6 松ノ木沢の頭。露岩に腰掛けて小休止していこう

7 タムシバ咲く稜線。前方は白毛門山頂

8 白毛門山頂を見上げる。左がジジ岩。右がババ岩

9 白毛門山頂。背後の山は笠ヶ岳から朝日岳へと続く

＊コース図は14～15ページを参照。

04

長い階段の先に待っているのは、絶景の山頂と幸福の鐘

三国峠・三国山

みくにとうげ　1300m
みくにやま　1636m

日帰り

歩行時間＝3時間20分
歩行距離＝5km

技術度
体力度

コース定数＝**15**

標高差＝546m

累積標高差　706m　706m

昔、三国峠は江戸と越後を結ぶ難所であった。三国山山頂にある「幸福の鐘」は、峠を通る人々の幸せを祈って静かに響かせてほしい。春には新緑、夏は高山の花、秋には紅葉と3シーズン楽しむことができる、家族でのハイキングに適したコースを紹介する。

見晴らしのよいお花畑から仰ぎ見る三国山

国道17号の新三国トンネル入口右側の四角い開口部が**登山道入口**となる。やがて沢から離れ、明るい広葉樹の山道を登る。59番の送電線巡視路の道をやりすごすと、**三国峠下の分岐**に着く。「右・大般若、左・三国峠」と記す道標がある。左に10分ほどで神社のある**三国峠**に着く。「中部北陸自然歩道」の道標があり、この先は越後である。

三国山頂上は山頂名板と三角点、幸福の鐘がある。北側の低木で風も当たらず、陽だまりの休息ができる

三国権現の説明板の前にはベンチ、真正面は御坂三社神社である。社の中は広く、避難小屋を兼ねている。右脇には武将、文人、歌人など著名人の名が刻まれた石碑があり、その碑を回りこむように登山道に入る。すぐに木製の急な階段となる。夏には色とりどりの花が顔を出す。30分ほどで、幅広いお花畑の**休憩所**となる。前方に三国山の山頂が目に入る。

ここから西・北西方面は見通しがよく、平らな頂上の苗場山や、長倉山、稲包山がよく見える。7月初旬にはニッコウキスゲの群落がお花畑をつくる。この先300メートルほどで平標山への分岐に着く。足もとにある標識は「左へ平

■鉄道・バス
往路・復路＝JR上越新幹線上毛高原駅またはJR上越線後閑駅から関越交通バスで猿ヶ京へ。法師温泉行きみなかみ町営バスに乗り換える。法師温泉から登山口までは徒歩1時間20分。猿ヶ京からタクシーを利用すれば、登山口まで15分。

■マイカー
関越自動車道月夜野ICから国道17号を新潟方面へ約40分で新三国トンネル手前の登山口へ。

■登山適期
5～10月。冬期は冬山装備が必須で、アプローチの国道17号の凍結や通行止めに注意が必要。

■アドバイス
▽新潟方面からの入口には広い駐車場があり、「緑の回廊」とよばれる登山道が、三国峠まで続いている。
▽夏はヤマビルが多いので要注意。
▽地元の温泉は、法師温泉長寿館（☎0278・66・0005）、猿ヶ京温泉まんてん星の湯（☎0278・66・1126）、遊神館（☎0278・64・2626）などがある。

■問合せ先
みなかみ町観光商工課☎0278・62・2111、関越交通バス☎0278・23・1111、みなかみ町営バス☎0278・64・0111

■2万5000分ノ1地形図
三国峠

標山」となっている。まっすぐ三国山を目指す。ガレ場で斜めの木道階段が現れる。濡れているときは慎重に歩こう。階段が終わると再び平標への分岐が現れ、そこから南東方向に200メートルほどで**三国山**山頂に着く。山頂は平らで三角点があり、山名板と幸福の鐘が設置されている。

下山は**三国峠下の分岐**まで戻り、水平方向の大般若方面へ、沢を2つ横切り、約1キロでトイレのある休憩舎に着く。ここが**晶子清水分岐**で、20メートル先に与謝野晶子が飲んだといわれる豊富な清水がある。

下山は大般若方面へ直進せず、右折して下ると、20分ほどで**国道17号**に下り着く。国道をトンネル方面に向かえば、トンネル管理事務所の駐車場だ。

サブルートとしては、快適な稜線をたどる大源太山（だいげんたやま）、大盤若塚への気持ちのよい水平歩道やトンネルの新潟側からの緑の回廊などがある。（前野立穂）

CHECK POINT

新三国トンネル入口右側の四角い穴を潜り、旧トンネル入口前を横断し、沢沿いの道を行く

三国峠にはりっぱな避難小屋を兼ねる御坂三社神社がある。山頂への登山道は右の石碑を回りこんで進む

ガレ場の木製階段を登るときは天に向かうような気分。階段は傾いているので注意しながら景色を楽しもう

晶子清水の小屋にはトイレと、すぐ先は水場がある。吹き抜けの小屋で、のんびりと休憩をするには最適

国道17号に下りた下山口はコンクリート壁の切れ目となっている。晶子清水への標識板が設置されている

05

てっぺんが平らな谷川連峰の展望台
吾妻耶山

あづまやさん
1341m

日帰り

歩行時間＝3時間15分
歩行距離＝5・3km

技術度
体力度

コース定数＝**13**

標高差＝506m

累積標高差 548m 548m

阿能川岳東南尾根から吾妻耶山を望む。平らな頂と根張りのある山容が印象的

法衣をまとった修行僧に似ていることから名づけられた仏岩

谷川岳・オジカ沢の頭から南にのびる山稜は、爼嵓を立ち上げ、阿能川岳から仏岩峠に下り、吾妻耶山、大峰山を連ねて赤谷川に消えている。吾妻耶山はこの山稜の南部に位置する台形状の山である。山頂には大きな石祠が祀られ、谷川連峰の展望がすばらしい。今でも静けさを保っている仏岩トンネルからのコースを紹介しよう。

関越自動車道を水上ICで降り、国道291号を北へ。水上公民館前の三差路を左折して県道270号に入り、猿ヶ京温泉方面に向かう。仏岩トンネル手前に**仏岩ポケットパーク**とよばれる広い駐車場があるので、車はここに停めるとよい。あずまやの脇が登山口だ。

間伐された杉林の中をジグザグに登ると、やがて**仏岩峠**（赤谷越ともよばれる）に着く。ここから約5分で仏岩（高さ約20㍍）を通過する。この周辺にはタムシバやムシカリが咲き、樹林越しに吾妻耶山が見え隠れしている。

1090㍍峰は東側直下を巻い

■**鉄道・バス**
往路・復路＝JR上越線水上駅下車。タクシーで仏岩トンネル登山口へ。上越新幹線を利用する場合は上毛高原駅下車。ノルン水上スキー場からのコースは上牧駅が最寄り駅。ただし、タクシーは常駐していない。

■**マイカー**
関越自動車道水上IC下車、国道291号を北に進み、県道270号猿ヶ京温泉方面に左折。水上ICから仏岩ポケットパークまで約7㌔。約30台の駐車が可能。トイレ、あずまや、公衆電話がある。

■**登山適期**
5月中旬から10月。仏岩の先に咲くミツバツツジとシャクナゲはすばらしい。

巻道のシャクナゲ群落

■**アドバイス**
▽T字路から吾妻耶山中腹コース方面はスギの間伐地の中を歩くため、荒れていて迷いやすい。
▽第二分岐の裏側はクサリのついた岩稜で、落石の危険が高い。
▽ヒルが出るようになったので注意。
▽関越道高架の近くに日帰り入浴施設の仏岩温泉鈴森の湯（☎0278

て進む。少し先で一度尾根に出て、西側の巻道に移る。ここから頂稜部にかけては多くのシャクナゲが自生し、訪れる人を魅了する。

しばらくすると**第一分岐**に着く。稜線はロープで規制されているので、右に進む。やがてT字路となり、左上を数回曲がって尾根に出る。ここから木の根が露出した急登がはじまる。浮石に気をつけたい。振り返れば、梢の先に小出保山の白い頂が見えている。

この坂道を登り終えると頂稜部の一角に出る。第二分岐に着いたら右下に下り、涸れ沢の中に入る。左側頭上が崩落しているので注意しよう。涸れ沢を横切ると平坦地となり**大峰山分岐**に出る。ここから左にカーブすると**吾妻耶山**の広い山頂だ。一角に戦国時代の武将、真田氏ゆかりの六連銭が刻まれた三基の石祠がある。

谷川連峰から赤城山にかけての展望を満喫したら往路を戻る。

（佐藤幹男）

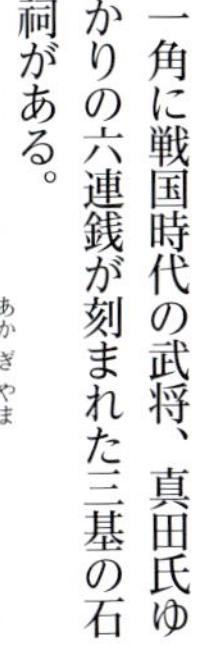

・72・4696）がある。

■**問合せ先**
みなかみ町役場観光商工課☎0278・62・2111、関越交通タクシー☎0278・24・5151

■**2万5000分ノ1地形図**
水上・猿ヶ京

CHECK POINT

1 仏岩トンネルの手前に仏岩ポケットパークがあり、登山口になっている

2 吾妻耶山登山口。登山道の中を作業道が横切っているので歩きにくい。支尾根を回りこめば峠は近い

3 仏岩峠。かつては水上と赤谷を結ぶ営林署の木材搬入路だった。新旧入り混じった道標が立つ静かな峠だ

4 第一分岐。左上の尾根道はガレ場の急登だ。ロープで規制されているので、右の巻道を進む

5 旧道入口を隠すように道標が立つ第二分岐。右下に下り、涸れ沢を横切る。落石に注意

6 大きな三基の石祠が祀られた吾妻耶山山頂。まるで神社の境内にいるようである

06

静寂に包まれた上越国境の山
稲包山

いなつつみやま
1598m

日帰り

歩行時間＝6時間20分
歩行距離＝9・9km

技術度 ▲
体力度 ♥♥

コース定数＝24
標高差＝843m
累積標高差 ↗930m ↘930m

上越国境の中央分水嶺の一端にそびえる稲包山は、円錐形のピークをもち、山頂からは平標山や仙ノ倉山、谷川連峰の雄大な眺望を楽しむことができる。稲包神社のある四万温泉奥四万湖から赤沢峠を経て登るコースが一般的であるが、ここでは東京電力の作業巡視路を利用するコースを紹介する。

↑巨大鉄塔広場から稲包山山頂を望む

←稲包山山頂からの展望

猿ヶ京温泉から法師温泉行き町営バスに乗り、**赤沢スキー場入口バス停**で下車し直進、法師温泉方面を右に分け、舗装されたムタコ沢林道を沢沿いに歩くと第一浄水場がある。さらに進み、支線林道を左に分けて未舗装道を行き、**秋小屋沢橋**を渡ったところが登山口だ。工事用の駐車場があり、5～6台が駐車可能だが、作業の迷惑にならないよう気をつけよう。

森林伐採のための取り付け林道工事で登山道と林道とが交錯しているため、スギ林の道を間違わないように歩く。沢を左に見送って

■鉄道・バス
往路・復路＝JR上越新幹線上毛高原駅またはJR上越線後閑駅から関越交通バスで猿ヶ京へ。法師温泉行きのみなかみ町営バスに乗り換え赤沢スキー場入口下車。

■マイカー
関越道月夜野ICから国道17号に入り、新三国大橋を渡る。法師温泉方面へ左折、県道261号で赤沢スキー場入口へ。登山口まで車で入れる。

■登山適期
降雪期を除けばいつでもよい。新緑と紅葉がみごと。

■アドバイス
▽法師温泉へのバスは本数が少ない。
▽上越自然歩道を下山する場合はロングコースになる。
▽夏はヤマビルが多いので要注意。

■問合せ先
みなかみ町役場観光商工課☎0278・62・2111、関越交通沼田営業所☎0278・23・1111、みなかみ町営バス☎0278・64・0111、新治タクシー猿ヶ京営業所☎0278・66・0631、JR駅レンタカー上毛高原営業所☎0278・62・2919、トヨタレンタリース上毛高原駅前店☎0278・62・0100、猿ヶ京温泉やど倶楽部☎0278・66・0186

■2万5000分ノ1地形図
四万

稲包山山頂から見た仙ノ倉山

樹林の急坂を登りきると、急に視界が開け、小さな鉄塔下に出る。ひと休みにはよい場所である。さらに緩やかな坂道を行くと、前方の稜線上に作業小屋が見えるところが山頂への**分岐**となる。作業道を右に分け、つづら折りの急坂が続く。ここがコース中で最もきついところだ。

登山道脇のスミレやマイヅルソウなどを見ながら登ると、巨大な**鉄塔広場**に出る。前方には稲包山の山頂部が現れ、平標山や仙ノ倉山も見わたせる。広場から左に入り、トラバースぎみに歩き、途中にある小さな沢を渡ると、まもなく**赤沢峠分岐**に出る。

小さなピークを越え、最後の急坂を登ると**稲包山**山頂だ。360度の大展望を満喫しよう。

帰路は往路を下る。

（栗原恵資）

CHECK POINT

❶ 赤沢スキー場入口バス停で降りたら法師温泉方面に直進する

❷ 登山道入口の作業用駐車場は5～6台駐車可能だが、迷惑がかからないように。標識も設置されている

❸ 小鉄塔。「中東京幹線」の表示がある

❹ 巡視路との分岐。左にほぼ直角に曲がる。ここにも標識が設置されている

❺ 巨大な鉄塔広場。「新新潟幹線183号」前方に稲包山の全容が見える。鉄塔から左に曲がる

❻ 赤沢峠との分岐。右に山頂、左は赤沢峠方面

稲包山 1598
鉄塔広場
スミレ
分岐
小鉄塔
登山道入口
秋小屋沢橋 882
新三国トンネルへ
法師温泉
1103
ムタコ沢
みなかみ町
法師ノ沢
第一浄水場
ムタコ沢林道
赤沢スキー場入口バス停 755m
774
Start Goal
猿ヶ京温泉、月夜野ICへ
アズマシャクナゲ
ムシカリ アズマシャクナゲ
赤沢峠分岐
1356
970
赤沢スキー場
760
板椿沢
上越自然歩道
猿ヶ京温泉へ
中之条町
1479
1188
作業用林道出合
赤沢峠
赤沢山 1455
奥四万湖へ
1:40,000

07 玉原湿原・鹿俣山

ファミリーや初心者でも楽しめる湿原とブナの森

日帰り

たんばらしつげん
かのまたやま　1637m

歩行時間＝4時間30分
歩行距離＝9・7km

技術度
体力度

コース定数＝17
標高差＝419m
累積標高差　549m　549m

山頂から、スキー場、玉原湖、子持山方面を望む

緑豊かなブナの森

沼田(ぬまた)市の北部にある玉原高原は、鹿俣山の裾野にあり、高山植物が四季を彩る湿原やブナ林が広がっている。玉原湿原やブナ林、鹿俣山は標高差が少なく、多くのルートが整備されているため、各自の体力に合わせたコースでハイキングを楽しむとよいだろう。

玉原湖畔の終点、**センターハウス**の駐車場から歩きはじめる。車止め先の緩やかな道路を下り、ブナの湧水を右手に見て進むと、左に**自然環境センター**の建物がある。右には大きな玉原高原遊歩道案内マップの看板がある。ここが玉原湿原への入口である。

4月中旬のミズバショウの開花にはじまり、数十種類の貴重な高山植物が秋まで湿原を彩るが、近年乾燥化や外来植物の侵襲、シカによる食害など、自然との共生や環境保護が大きな問題となっている。

湿原を抜けると水源コースとの

■鉄道・バス
往路・復路＝JR上越線沼田駅から関越高原バス迦葉山線でたんばらセンターハウスへ（運行日注意）。夏期限定で沼田駅から無料送迎バスが運行する（要予約）。

■マイカー
関越自動車道を沼田ICで降り、県道266号で終点のたんばらセンターハウスへ（40分）。センターハウスの駐車場またはその下の広場を利用。

■登山適期
春から紅葉の秋まで。冬はスノーシューが楽しめる。

■アドバイス
▽田園プラザ川場は平成27年全国モデル道の駅に選定。地元野菜や焼き立てパン、地ビールなどを販売。
▽玉原高原の麓ではフルーツ栽培がさかん。サクランボ、プラム、ブルーベリー、ぶどう、りんごなど。
▽ラベンダーの開花期には、スキー場ゲレンデ内にラベンダーパークが開園し、5万株のラベンダーが咲き誇る（入園有料・駐車料金無料）。

■問合せ先
沼田市役所観光交流課☎0278・23・2111、関越交通バス☎0278・23・1111、丸沼タクシー☎0278・22・4018、サンタクシー☎0278・30・3330

■2500分ノ1地形図
藤原湖

分岐に出る。そのまま直進すると**玉原越**で尼ヶ禿山との分岐がある。ここを右折、少しの急登後、**三角点**にいたる。その先の鞍部が水源コースの合流点となる。木漏れ日の気持ちよいブナ林のなか、野鳥のさえずりをともに歩くと、ブナ平となる。ブナの根を祀ったブナ地蔵やシナの巨木、探鳥路コースの**分岐**の標識を確認し、そのまま直進、鹿俣山へ向かう。

ササに覆われた登山道を抜けるとスキー場に出る。ゲレンデを横断しながら登る。右手にはゲレンデを直下に下りる**分岐**がある。ゲレンデを左に回りこみ、リフト最上部地点では西側に谷川岳を望むことができる。直進するとキャンプ場への分岐を経て**鹿俣山**山頂となる。眼下に玉原湖が光り、赤城山や榛名山が望める。

帰路は山頂直下の分岐を左にいっきに下る。最初に出合うリフト手前を左手登山道に歩を進める。あとはキャンプ場まで道は迷うことはない。キャンプ場を抜け、車道を横断。小川を渡り、トタン製のトンネルをくぐると、リフトの下を通過して**銅金沢**コースの山道に入る。このあたりは標識も少なく、また見落としやすいところもあるので注意が必要だ。あとは登山道に沿って下山。野鳥の案内板がある探鳥路コースの分岐入口に戻る。**センターハウス**はすぐそこだ。

（柏瀬万里子）

CHECK POINT

1 水源コースとの分岐。このコースでは、道標や標識が多く、道に迷う心配はあまりない

2 ブナ平にはブナ地蔵が祀られる。また、探鳥路コースの分岐がある

3 リフト最上部付近から谷川方面が展望できる。また、山頂から玉原湖、赤城、榛名、浅間などを展望できる

4 山頂直下の分岐からキャンプ場方面へ熊笹の中を下る。リフト上部にぶつかったら左に回りこみ山道へ

5 キャンプ場から銅金沢のあたりは道標がないので、道迷いに注意

6 川沿いの、ぬかるみのある道を抜けると、鳥類の看板がある銅金沢コースの入口に出る

08

伝説と信仰の百名山。沖武尊への最短周回コース

武尊山 ① 藤原口

ほたかさん　ふじわらぐち
2158m

日帰り

歩行時間＝8時間20分
歩行距離＝11.7km

技術度 ▲▲▲▲▲（3/5）
体力度 ♥♥♥♥♥（2/5）

コース定数＝32
標高差＝1053m
累積標高差 ↗1268m ↘1268m

裏見の滝。落差40ｍの名瀑だ

　文献によれば、武尊山は200万年ほど前に活動したコニーデ型（成層）火山で、現在の川場谷(かわばだに)が火口の崩壊した跡であり、これを囲むように反時計回りに前武尊、川場剣(けん)ヶ峰(みね)、家(いえ)ノ串(くし)、中ノ岳、主峰の沖武尊(おきほたか)、剣ヶ峰山と、標高2000ｍ超の6峰が立ち並び、一大山群を形成している。ひと昔前までは修験道の山とされ（女人禁制）、岩稜やクサリ場が多く、標高差1000ｍ以上で、普通の人が登れる山ではなかったが、今では各コースとも登山道が整備され、シーズンには花と展望を求めて大勢の登山者でにぎわう。紹介する4つの登山口はみなかみ町、川場村、片品村の3町村にまたがる。

　沖武尊への最短路として近年人気が高い藤原口のコースから紹介しよう。登山口である**武尊神社駐車場**から入山する。武尊神社より武尊川に沿った林道を50分ほど行くと**剣ヶ峰山への分岐**に出るので、これを右に分け、2、3回、小さな沢を渡る。ブナの大木の中、胸をつく急登を終えると**須原(すはら)尾根の分岐**に出る。最初の休憩地点だ。次の分岐から少し沢に下りたところに手小屋沢(てごやさわ)避難小屋がある。収容4～5人の小さな避難小屋だ。

　尾根に戻ってしばらく木の根の多い道を登ると、やがてクサリやロープが張られた急角度の岩場が現れる。足場があるのでさほど恐怖感はないが、ここは3点支持の安全確保で登ろう。また、岩場が濡れているときの下りは要注意だ。

　5箇所の岩場をすぎると身の丈ほどのハイマツとシャクナゲの緩やかな尾根道となり、いっきに視界が開け、最後のひと登りで**沖武尊山頂**に着く。

　山頂は360度の展望があり、特に、西から北に谷川(たにがわ)連峰や新潟の山々、尾瀬の笠(かさ)ヶ岳(たけ)、至仏山(しぶつさん)、燧(ひうち)ヶ岳(たけ)、東に転じれば日光白根山(にっこうしらねさん)から皇海山(すかいさん)、袈裟丸山(けさまるやま)までの連峰の眺望がすばらしい。

　山座同定を楽しんだら、武尊牧

■鉄道・バス
往路・復路＝JR上越新幹線上毛高原駅よりタクシー利用がベター（バスは湯の小屋行きで武尊橋まで）。

■マイカー
関越道水上ICから国道291号へ。大穴交差点を右折し、県道63号（ゆけむり街道）で藤原湖武尊橋の三差路を右折。やすらぎの森キャンプ場方面へ右折し、武尊神社駐車場へ。

■登山適期
5月末～11月はじめ（積雪期を除く）。

■アドバイス
▽剣ヶ峰山から武尊沢徒渉点までの急坂は、年々土が流され、木の根が露出してすべりやすくなっている。雪解け時や雨後は特に危険。体力、技術のない人は沖武尊から往路を引き返した方がよい。

■問合せ先
みなかみ町役場観光商工課☎0278・62・2111、関越交通バス☎0278・23・1111、関越交通タクシー☎0278・24・5151

■2万5000分ノ1地形図
藤原湖・鎌田

剣ヶ峰山より主峰の沖武尊を望む

CHECK POINT

1 武尊神社駐車場。20台以上は駐車可能でトイレもある。時期には近辺の紅葉が日に映えて美しい

2 剣ヶ峰山と手小屋沢小屋との分岐点。ここを起点に周回するコース

3 須原尾根（上の原登山口）分岐。ここでひと休み。少し行くと手小屋沢避難小屋への下降点に着く

4 手小屋沢避難小屋はドーム型で4～5人ほど避難できるが、老朽化が激しい

5 クサリ場はロープ場を含めて5箇所。本日ひとつ目の難所だが、足場を確認しながら登攀すること

6 クサリ場通過後、すぐに展望が開け、剣ヶ峰山や沖武尊が目に飛びこむ。山頂までハイマツとシャクナゲの道

7 沖武尊山頂は20～30人休憩可能な広さ。剣ヶ峰山までの登山道は狭いので、ランチタイムはここで

8 沖武尊直下のガレ場。アルペン気分が味わえる尾根道だが、浮石に注意して下ろう

9 剣ヶ峰山山頂は東西両サイドがスパッと切れ落ちていて狭いので休憩するときは要注意

10 ハクサンシャクナゲの咲く急勾配の尾根道。木の根に注意し、慎重に下ろう

11 尾根道がつきたところが武尊沢徒渉地点。休憩におすすめのポイント

12 武尊神社に到着したら、無事下山の報告を兼ねてお参りしよう

＊コース図は34～35ページを参照。

場への分岐からガレ場（薄板状の石）の急傾斜を下り、剣ヶ峰山へと続く雄大な景色の尾根道を南下する。コブを3つほど越えると、今朝出発してきた**武尊神社への分岐**に着くので、これを右に分け、急な岩場をひと登りすれば**剣ヶ峰山**に着く。沖武尊からは1時間20分ほどだ。両側がスパッと切れ落ちた細長い山頂から、眼下の川場谷をはさんだ2000メートルを超える6峰の全貌は絶景である。

下山は前述の**分岐**を直進するが、すぐに木の根道の長い急下降となる。雪解けの道はすべりやすく段差もあるため、足場を確かめながら慎重に下ろう。剣ヶ峰山から2時間ほど下るとようやく尾根が終わり、谷川のせせらぎを耳にして、最初の大きめの沢に出る。ここも休憩場所には適当なところだ。その後3回ほど小さな徒渉を繰り返して林道に出ると、まもなく**手小屋沢分岐**に着き、周回が完了する。分岐から林道を下ればやがて武尊神社だ。

（森 良治／丸岡 勉）

旧武尊高原川場キャンプ場口（高手山（たかてやま）コース）

川場キャンプ場跡駐車場（1150メートル付近）から500メートルほど舗装道を行き、射撃場の中を通りすぎると登山口になる。高手山までは尾根に出るまでジグザグの広い山道。**高手山**からはしばらく平坦な山道となり、1400メートル地点あたりから登り傾斜となり、西峰（1871メートル）までは樹林帯（針葉樹・広葉樹）が続くが、涼風が心地よくとても歩きやすい。

西峰からは手前の剣ヶ峰山と奥の沖武尊、右手に前武尊までの稜線と、川場剣ヶ峰から家ノ串、中ノ岳と続く武尊の山容が見えはじめる。剣ヶ峰山まで急傾斜のアップダウンとなり、丸太の階段が続く。途中1950メートル付近、剣ヶ峰山直下の肩には2台の木製テーブルと長椅子が設置されており、眼下に広がる景色を見ながらの休憩は快適この上ない。

肩から70メートルほど登りつめると**剣ヶ峰山**頂上に着く。剣ヶ峰山からは武尊のほぼ全容が見わたせるが、頂上は細く、両脇が切れ落ちているので休憩時には要注意だ。

剣ヶ峰山の岩場を北へ下り、武尊神社への分岐を左に見て、小さなコブを3つほど越え、山頂直下のガレ場の急傾斜を登りつめると**沖武尊**に着く。剣ヶ峰山からは1時間30分ほどかかる。下山は往路を戻る。

西峰山頂。右から前武尊、川場剣ヶ峰を望む

■コースデータ

歩行時間＝9時間50分／歩行距離＝15.5キロ／標高差＝1038メートル／累積標高差＝⊕1462m・⊖1462m

■登山情報

●鉄道＝JR上越新幹線上毛高原駅またはJR上越線沼田駅よりタクシー利用。●マイカー＝沼田ICから国道12号、県道263号を北へ。吉祥寺をすぎ10分ほどで道路右に駐車場（150台収容）がある。●登山適期＝5月末～11月初旬（積雪期を除く）。●アドバイス＝高手山コースは初心者向けとして紹介されており、本書でもサブコースとしての紹介だが、距離も長いので、脚にあまり自信はないが武尊を楽しみたい場合は、剣ヶ峰山までの往復としたい。往復7時間程度で川場谷の火口崩壊跡を中心とした武尊山群を充分満喫することができる。●問合せ先＝関越交通タクシー☎0278・24・5151、川場村観光協会ビジターセンター☎0278・52・3412●2万5000分ノ1地形図＝藤原湖・鎌田

＊コース図は34～35ページを参照。

09

武尊山 ② オグナほたか口

前武尊と岩稜地帯の展望コース

ほたかさん 2158m

日帰り

歩行時間＝8時間10分
歩行距離＝12・3km

技術度 ▲▲▲△△
体力度 ♥♥♡♡♡

コース定数＝**32**

標高差＝928m

累積標高差 ↗1270m ↘1270m

家ノ串から中ノ岳、沖武尊を望む

オグナほたかスキー場のゲレンデから歩き出す

　オグナほたかスキー場の奥の駐車場に真新しい標識が立てられており、ここが**登山口**だ。

　樹林帯の中の支尾根をジグザグに登りつめると20分ほどで御沢への稜線に出て、すぐに**スキー場**と出合う。ここからはしばらくスキー場内の舗装路を歩くが、途中で前武尊から剣ヶ峰・家ノ串あたりまでの稜線が見える。振り返れば袈裟丸山から皇海山へと続く山塊が姿を見せる。

　スキー場左側の丸太階段で尾根を詰めると川場谷野営場からの尾根と合流し（**御沢分岐**）、木の根と石の道を50分ほど登りつめれば**前武尊**山頂だ。日本武尊像のある休憩所がある。前武尊の北側の眼前

■**鉄道・バス**
往路・復路＝上毛高原駅または沼田駅からタクシー利用がベター（バスは鎌田方面行きで武尊口まで）。

■**マイカー**
関越道沼田ICから国道120号を平川交差点まで行き左折、県道64号の花咲で右折、オグナほたかスキー場案内板を左折し、スキー場駐車場へ。

■**登山適期**
5月末～11月初め（積雪期を除く）。

■**アドバイス**
▽夏期（7～8月）、縦走路は日陰がないので、熱中症に注意したい。
▽武尊山はどのコースもロングコースなので早朝発をこころがけたい。

■**問合せ先**
片品村むらづくり観光課☎0278・58・2112、関越交通バス☎0278・58・3311、関越交通タクシー☎0278・24・5151

■**2万5000分ノ1地形図**
鎌田

沖武尊手前の日本武尊像。右奥は川場剣ヶ峰

残雪の三ツ池付近

に屋根のような台形の川場剣ヶ峰と家ノ串、中ノ岳、さらには武尊牧場からの稜線が見える。

川場剣ヶ峰への道は崩壊により通行止めとなっているので東側のササ道を巻き、岩峰群の鞍部からは西側を巻いて家ノ串に着く。そこから細い岩稜地帯となるので、足もとに要注意だ。30分ほどで**中ノ岳南側の分岐**に着き、武尊牧場キャンプ場からの道と合流する。途中2つ目の日本武尊像をすぎれば、分岐から30分ほどで武尊の主峰（**沖武尊**）に到着する。

山頂は360度の展望が開け（藤原口コース参照）、南には川場谷をはさんで、左に歩いてきた前武尊、川場剣ヶ峰、家ノ串、正面には剣ヶ峰山に続く稜線がくっきりと浮かび上がる。これら20

CHECK POINT

1 登山口は、オグナスキー場の最も奥の駐車場の看板が目印。2015年トレイル競技の際に新設されたもの

2 しばらくゲレンデの中の舗装路を歩く。前方にこれから行く前武尊と家ノ串を望む

3 御沢分岐。スキー場の奥左を登りつめると川場谷野営場からの尾根に合流する

4 前武尊への尾根からは、右手に日光、皇海山方面の眺望が得られる

5 前武尊山頂の屋根付きの日本武尊像、頭上には救助用ボートが設置されている

6 前武尊山頂のすぐ北側から見た川場剣ヶ峰。以前は登頂可能だったが登山道の崩壊により通行止め

7 中ノ岳方面と家ノ串山頂

8 家ノ串と中ノ岳の間は細長い岩稜地帯が続くので足もと注意

9 中ノ岳の南側分岐で武尊牧場キャンプ場からのコースと合流、沖武尊山頂までは高低差60㍍、約30分だ

10 三ッ池付近。登山道は池の淵を通る

11 日本武尊像（第12代景行天皇の皇子で、東国征討、熊襲征討をしたとされる

12 山頂の剣ヶ峰山分岐と山頂風景

00メートル級の山々をつなぐ稜線は、川場谷を火口としたコニーデ型山体の南面が崩れ落ちた火山跡だという。

至仏山、平ヶ岳、巻機山など、奥利根源流の山々、谷川岳から上越の山々、日光連山などの眺望と山座同定を楽しんだら、下山は来た道を戻ろう。

（森 良治／丸岡 勉）

武尊山山頂

武尊牧場キャンプ場口

OZE-HOSHIZORA RISORT（旧武尊牧場キャンプ場）奥の登山口にあるポストに登山届を出して出発。映画「眠る男」のロケ地から緩い尾根の登山道をしばらくたどると、花咲湿原分岐をすぎ、1時間ほどで武尊避難小屋に着く。田代湿原分岐もすぐ近くにあるので、登山者の休憩地になっているようだ。

このあと、泥質のぬかるみの登山道と笹道になるが、ところどころ「オオシラビソ」に貼られた説明板を見かける。前方の視界が開けるあたりからしだいに傾斜が急になり、中ノ岳下のクサリ場に出る。3本のクサリ場は足場があるので難しくはないが、岩の角が丸くすべりやすいので慎重に登ろう。クサリ場をすぎるとほどなく前武尊からの道と合流。分岐から鳳池、三ツ池やガレ場をすぎ、20分ほどで日本武尊の像下に出ると山頂はもう目の前だ。天気がよければ360度の大展望が期待できる。

下山は往路を戻る。

中ノ岳へ向かう登山道。この先にクサリ場がある

群馬県人口200万人を記念して1996年に作成された小栗康平監督作品映画「眠る男」のロケ地跡

■コースデータ

歩行時間＝7時間（日帰り用駐車場から8時間、旧スキー場駐車場から9時間30分）／歩行距離＝20・3キロ／標高差＝1088メートル／累積標高差＝⊕1356m・⊖1356m

■登山情報

●鉄道＝31ページ「武尊山・オグナほたか口」を参照。●マイカー＝オグナほたかスキー場入口をすぎ10分ほどでキャンプ場に着く。●登山適期＝5月末～11月初め（積雪期を除く）。●アドバイス＝車は、キャンプ場営業期間（5月中旬～10月中旬）の午前8時～午後5時内であれば、キャンプ場下の日帰り用駐車場に駐車し、徒歩でキャンプ場へ。駐車料金1000円。なお、営業期間外・営業時間外は旧スキー場駐車場から登ることになる。●問合せ先＝片品村役場むらづくり観光課☎0278・58・2112、OZE-HOSHIZORA RISORT☎0278・58・3757、関越交通タクシー☎0278・24・5151●2万5000分ノ1地形図＝鎌田

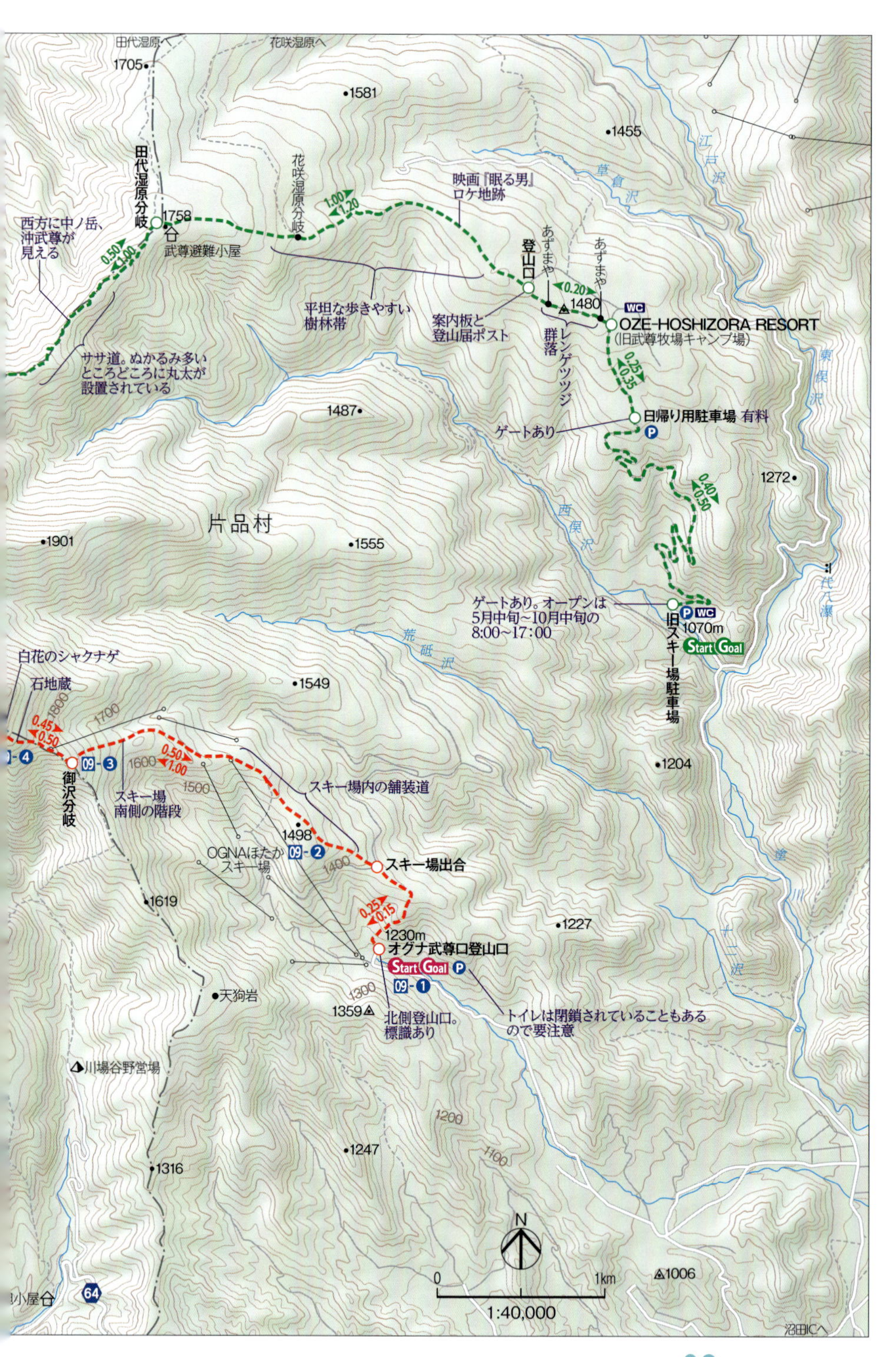

田代湿原へ
花咲湿原へ
1705
1581
1455
江戸沢
草倉沢
田代湿原分岐
花咲湿原分岐
1.00
1.20
映画『眠る男』ロケ地跡
西方に中ノ岳、沖武尊が見える
1758
武尊避難小屋
0.50
1.00
登山口
あずまや
あずまや
0.20
1480
平坦な歩きやすい樹林帯
案内板と登山届ポスト
群落
レンゲツツジ
OZE-HOSHIZORA RESORT
(旧武尊牧場キャンプ場)
ササ道。ぬかるみ多いところどころに丸太が設置されている
0.25
0.35
東俣沢
1487
日帰り用駐車場 有料
ゲートあり
0.40
0.50
1272
片品村
西俣沢
1901
1555
ゲートあり。オープンは5月中旬~10月中旬の8:00~17:00
旧スキー場駐車場
1070m
Start Goal
荒砥沢
白花のシャクナゲ
石地蔵
1549
0.45
0.50
09-4
09-3
御沢分岐
0.50
1.00
スキー場南側の階段
スキー場内の舗装道
1204
1498
OGNAほたかスキー場
09-2
スキー場出合
1619
0.25
0.15
1227
1230m
オグナ武尊口登山口
Start Goal
09-1
天狗岩
1359
北側登山口。標識あり
トイレは閉鎖されていることもあるので要注意
川場谷野営場
1247
1316
1006
0
1km
1:40,000
小屋
64
沼田ICへ

上の原登山口へ
1635
藤原口登山口
Start Goal
武尊神社
1109
1105m
武尊橋、水上市街へ
裏見ノ滝
武尊川
緩やかな林道
手小屋沢・剣ヶ峰山分岐
短い徒渉を数回繰り返す
急坂
須原尾根分岐
手小屋沢避難小屋
尾根から10mほど下りる
みなかみ町
1714
1721
1352
1604
1984
木の根多し急坂
車両進入禁止
林道出合
クサリ場（5箇所）急斜面続く
展望開ける
武尊山
（沖武尊）
2158
日本武尊像
中ノ岳
2144
中ノ岳下クサリ場3箇所
緩やかな尾根 ハイマツ、シャクナゲ
1612
尾根の末端
徒渉点
薄板状石のガレ場
中ノ岳南側の分岐
木の根が張った急斜面
1975
狭い岩峰が連続
家ノ串
2103
ハクサンシャクナゲ
獅子ヶ鼻山
1875
木の根が張り出した崖のような急斜面
川場・武尊神社分岐
岩場
小ピークを越えるアルペン的展望
剣ヶ峰山
2020
川場剣ヶ峰岩峰鞍部
鹿俣山
1637
1685
頂上は幅狭く、東西が切れ落ちている
剣ヶ峰は通行止め東側の山すそを巻く
2083
川場剣ヶ峰
前武
1950m付近。剣ヶ峰山直下の肩木製のテーブルと長椅子あり
急斜面のアップダウン丸太階段の連続
日本武尊像、ベンチあり
1685
西峰
1871
展望良好 剣ヶ峰山〜沖武尊の山容がみごと
1474
沼田市
1698
川場スキー場
1345
東にスキーリフト歩きやすい尾根
1745
群馬県
川場村
登りの場合、1400m付近から傾斜が増す
川場谷
1461
奈女沢
緩傾斜の樹林帯
高手山
1374
平坦な山頂
1359
1120
1423
1166
ジグザグの広い山道
桜川
登山口
川場キャンプ場跡駐車場
1120m
Start Goal
射撃場の中を通る
川場村中心部、沼田ICへ

10

日本屈指の高層湿原を歩く

尾瀬ヶ原

おぜがはら　1400m

日帰り

歩行時間＝7時間15分
歩行距離＝18・2km

技術度

体力度

コース定数＝**22**

標高差＝－193m

累積標高差　319m　319m

尾瀬は群馬県、福島県、新潟県に属し、2007年に尾瀬国立公園となった。5月下旬になるとミズバショウが白い小さな苞をのぞかせてくれる。6月中旬にはリュウキンカが黄色の絨毯のように湿原を覆い、ミツガシワの白い花が咲く。6月下旬から7月上旬は湿原のいたるところでワタスゲの白い果穂を見ることができる。7月中旬、梅雨の明けきらない湿原はニッコウキスゲの黄色に覆われる。

尾瀬植物研究見本園のミズバショウ

9月中旬からクサモミジがはじまり、9月下旬には湿原全体が黄金色に輝きだす。10月下旬には木の葉も落ち冬の準備に向かう。

最もポピュラーな鳩待峠から山ノ鼻に下り、尾瀬ヶ原をめぐるコースを紹介する。

鳩待峠のブナ林の軽い下りからコースがはじまる。石畳、階段、木道と樹林の道を下り、ハトマチ沢を越えて少し進むと左側が開け、至仏山が望める。川上川を渡ると**山ノ鼻**に着く。山ノ鼻ビジターセンターには職員が常駐し、尾瀬の概要のほか、日々のフィールド巡回で収集した季節ごとの見どころや登山道の状況なども紹介しているのでぜひ立ち寄りたい。

山ノ鼻からは湿原歩きとなる。遠くに燧ヶ岳を見ながら川上川を渡ると、池塘の多い上田代となる。池塘をすぎると上ノ大堀川に出る。ここは尾瀬ヶ原が最も狭くなったところで、牛首とよばれている。まもなく**尾瀬ヶ原三叉**となる。直進して湿原の木道を歩く爽快なハイキングが続く。中田代の下ノ大堀川付近は5月下旬からミズバショウが咲きはじめ、至仏山をバックにしたその姿は一幅の絵のように美しい。また、7月中旬から朝露とともに咲くニッコウキスゲは、ミズバショウと並んで尾瀬を代表する花である。景色を堪能しながら**竜宮十字路**に着く。ほんの少し進むと**竜宮小屋**があるのでひと息つきたい。

竜宮十字路に戻り、右手のヨッピ吊橋を目指す。秋にはヨッピ吊橋手前で池塘越しに見るクサモミジの中の至仏山もすばらしい。**ヨッピ吊橋**に着いて、余裕があれば**東電小屋**まで足をのばそう。少し高台になっているので、ここから眺める燧ヶ岳や至仏山の展望も格別だ。

帰路は**ヨッピ吊橋**まで戻り、**尾瀬ヶ原三叉**を経て**山ノ鼻**、**鳩待峠**と戻る。山ノ鼻から鳩待峠は標高差200メートルを登るので時間に余裕をもちたい。

（荒井光）

■鉄道・バス

往路・復路＝JR上越新幹線上毛高原駅またはJR上越線沼田駅が最寄り駅。関越交通バスに乗り、戸倉で

ニッコウキスゲが咲く尾瀬ヶ原（中田代付近）

CHECK POINT

1 尾瀬を訪れるハイカーのおよそ半数が利用する鳩待峠。標高1590メートル。ブナ林の下りからはじまる

2 山ノ鼻ビジターセンターでは職員が日々の巡回で収集した季節ごとの見どころや登山道の状況なども紹介

3 池塘越しの燧ヶ岳は、至仏山と並んで尾瀬を代表する山。東北以北で最高峰（2356メートル）の火山だ

4 7月中旬、下ノ大堀川沿いの湿原はニッコウキスゲの黄色に覆われ、日に日に華やかさを増していく

5 尾瀬ヶ原のちょうど中心にある竜宮小屋。泊まらなくても立ち寄り休憩したい

6 ヨッピ吊橋の手前の池塘から至仏山を望む。草紅葉と至仏山はまさに絶景、ぜひとも訪れたい

7 ヨッピ吊橋は中田代のヨッピ川にかかる鉄製の吊橋。ヨッピとはアイヌ語で「川が集まる場所」のこと

8 東電小屋は尾瀬ヶ原の北、高台にある静かな山小屋。ここから見る燧ヶ岳、至仏山の眺めはすばらしい

下車。戸倉から鳩待峠までの間はシャトルバス（有料）を利用する。

■マイカー

関越自動車道沼田ICから国道120号で片品村戸倉の駐車場へ。鳩待峠まではシャトルバス利用。

■登山適期

春を告げるミズバショウが咲く5月下旬からカラマツの紅葉が終わる10月下旬までがよい。

■アドバイス

▽2018年7月21日、国道120号沿いの片品村役場隣に「道の駅尾瀬かたしな」がオープン。

▽戸倉より鳩待峠までのシャトルバスは4月下旬～11月上旬の運行で、戸倉までは通年運行（関越交通バス）。鳩待峠へは5月中旬～10月下旬にマイカー規制日がある（2024年は通年）。

▽尾瀬植物研究見本園では、尾瀬の湿原に咲く花を季節ごとにほとんど1箇所で見られる。

■問い合せ

関越交通鎌田営業所☎0278・58・3311、（路線バス、シャトルバス）、片品村観光協会☎0278・58・3222、片品村むらづくり観光課☎0278・58・2112（鳩待峠マイカー規制）、道の駅尾瀬かたしな☎0278・25・4644

■2万5000分の1地形図

至仏山・尾瀬ヶ原

＊コース図は40～41ページを参照。

11

尾瀬を代表する高山植物と展望の山

至仏山

しぶつさん
2228m

日帰り

歩行時間＝6時間10分
歩行距離＝10・6km

技術度 ▲▲

体力度 ♥♥

尾瀬を代表する雄大な山、至仏山は、東の燧ヶ岳とともに、この山なしには尾瀬ヶ原の景色もなり立たない。至仏山は2億5千万年以上前にできた尾瀬最古の山で、蛇紋岩の岩肌に特有の貴重な高山植物も多い。

戸倉の駐車場からシャトルバスか乗合タクシーを利用し、**鳩待峠**に入る。至仏山へは、山ノ鼻の入山口から登り専用の東面登山道コースをとる。山頂までは直登で、鳩待峠までの周回コースとなる。

山ノ鼻の研究見本園を経て、**至仏山登山道**看板横の木の階段から入る。オオシラビソやアスナロの樹林帯から、しだいに高度を上げる。沢状になった登山道では、しばしば靴を濡らすことが多い。すべりやすい蛇紋岩に注意して慎重に足を運ぶ。**中間地点**をすぎると、一歩登るごとに、足もとに尾瀬ヶ原や燧ヶ岳の眺望がぐんぐん広がってくる。お花畑近くのベンチでは、ゆっくり景色を眺めたい。

空中回廊のような**高天原**の木道を登りつめると、**至仏山**山頂に着く。山頂からは平ヶ岳、上越の山々、武尊山、日光の山々など360度の眺望を堪能できる。

下山は小至仏山から鳩待峠へ下る。蛇紋岩の間をひと下りして登ると**小至仏山**山頂に着く。ハイマツの茂る急な岩稜を足もとに注意して下るとお花畑が続く。この先

尾瀬ヶ原から見た至仏山。森林限界を越えた登山道が見える

ホソバヒナウスユキソウは蛇紋岩地帯の固有種

コース定数＝**24**	
標高差＝819m	
累積標高差	↗905m
	↘905m

■**鉄道・バス**
⑩尾瀬ヶ原（36ページ）を参照。

■**マイカー**
⑩尾瀬ヶ原（37ページ）を参照。

■**登山適期**
残雪の多い至仏山の稜線は植生保護のため、例年6月末まで登山道が閉鎖される。高山植物の見ごろは7月上旬～中旬。紅葉のはじまる9月末にはミゾレから初雪になることも。

■**アドバイス**
▽帰路の戸倉への乗車券は鳩待峠休憩所で購入する。バス停は鳩待峠から2分ほど下ったところにある。
▽鳩待峠からのコースは、標高差も少ないことから登山者が集中する。分散化を図るためにも平日の登山をすすめたい。
▽尾瀬の山小屋は必ず事前予約を。
▽カミナリの多い至仏山の入山は朝9時までとし、以降の入山は自粛したい。
▽入山するとトイレはないので、鳩待峠や山ノ鼻のトイレを利用する。
▽山ノ鼻～至仏山間は、山ノ鼻から登りのみの一方通行のため、至仏山へは鳩待峠から山頂往復か、鳩待峠～山ノ鼻～至仏山～鳩待峠の周回コースに限られる。

■**問い合せ**
⑩尾瀬ヶ原（37ページ）を参照。

■**2万5000分の1地形図**
至仏山

高天原から見た秋の尾瀬ヶ原と燧ヶ岳。湿原に広がる拠水林や池塘の眺めがすばらしい

CHECK POINT

1 尾瀬ヶ原や至仏山東面登山道入山口の山ノ鼻へは尾瀬国立公園看板から向かう

2 山ノ鼻の看板横に登山カードポストがある。木道をしばらく行くと、周回コースの入山口となる

3 すべりやすい蛇紋岩は足もと注意。中間地点をすぎるとクサリ場が3箇所続く

4 高山植物を保護する階段が設けられた高天原。山頂直下のなだらかな場所

5 いつも多くの登山者でにぎわう至仏山山頂。新潟方面の山々が眺望できる

6 至仏山から小至仏山へは眺めのよい花の尾根道が続く

7 オヤマ沢田代湿原の池塘。ワタスゲが風に揺れる。鳩待峠まで樹林帯を進む

8 至仏山頂上往復コースで、尾瀬ヶ原と至仏山を最初に眺める原見岩。ひと息入れよう

は花の山旅で、高山植物も種類が多くなり、オゼソウやホソバヒナウスユキソウなどに出会える。植生保護のために登山道をはずさないよう注意したい。

ベンチをすぎると右手に笠ヶ岳分岐がある。**オヤマ沢田代**の小湿原を横切ると、しだいに樹林帯となり緩やかな下り道が続き、**鳩待峠**に戻る。

至仏山へは、別に鳩待山荘の西側にある登山口から往復することもできる。ブナやミズナラ、ダケカンバなど広葉樹の茂る緩やかな道を登り、針葉樹の尾根道をしだいに南に回りこむ。左手に三角錐の笠ヶ岳が見える。樹林を抜けると草原の中に原見岩が現れる。眼下には尾瀬ヶ原と燧ヶ岳の景色が広がる格好の展望台だ。

この先にオヤマ沢田代の小湿原を横切ると、やがて尾根は森林限界となり、ハイマツの茂る岩稜を登ると**小至仏山**だ。

小至仏山からひと下りして蛇紋岩の間を登りつめれば**至仏山**山頂に着く。　（中西政文）

＊コース図は40～41ジを参照。

温泉小屋、燧裏林道、渋沢温泉小屋へ
燧ヶ岳へ
福島県
檜枝岐村
東電小屋
東電尾瀬橋
第二長蔵小屋
尾瀬小屋
見晴
(下田代十字路)
原ノ小屋
燧小屋
檜枝岐小屋
弥四郎小屋
ヨッピ橋
下田代
尾瀬ヶ原
中田代
竜宮十字路
竜宮小屋
牛首分岐
ミズバショウのビューポイント
ニッコウキスゲが多いビューポイント
土場
富士見田代
分岐
富士見峠
アヤメ平
至仏山、燧ヶ岳、日光白根山、赤城山までみごとなパノラマ
横田代
中ノ原
ベンチから至仏山が見えるビューポイント
木道が続くなだらかなブナ林
白尾山
皿伏山
二鞍山
群馬県
片品村
尾瀬沼へ
戸倉、上毛高原駅、沼田ICへ
1:50,000

至仏山
2228
高天原
小至仏山
2162
笠ヶ岳分岐
悪沢岳
2043
小笠
小笠直下
笠ヶ岳
2057
湯ノ小屋分岐
鳩待峠
1591m
鳩待山荘
山ノ鼻
東面登山道入口
中間地点
森林限界
国民宿舎尾瀬ロッジ
山ノ鼻小屋
至仏山荘
山ノ鼻ビジターセンター
尾瀬植物研究見本園
尾瀬でいちばん早く咲くミズバショウ
ベンチから尾瀬ヶ原、燧ヶ岳が見えるビューポイント
このあたりから蛇紋岩が現れる
クサリ場
お花畑
木製階段が続くなだらかな地点
急坂。足もと注意
花が多い。至仏山の展望よし
ベンチ
湿原
西～東の展望よし 小笠、笠ヶ岳が圧巻
樹林帯（水たまりやぬかるみ、倒木が多い）
植生保護のためピークには登れない
360度の大展望 赤城山、谷川連峰、苗場山までみごとなパノラマ
小湿原、お花畑
お花畑がみごと
ガレ場、岩場。下降時注意
小沢の湧水。飲用には不適
原見岩
尾瀬ヶ原、燧ヶ岳の展望
南西の展望よし はじめて笠ヶ岳が見える
ブナの緩やかな坂道
樹林帯
1681
1867
1766
津奈木橋
1962
湯ノ小屋温泉へ
片藤沼
みなかみ町
岳ヶ倉山（日崎山）
1816
1818
1661
1563
1493
1727
1441
1668
1534
1735
1488
1416
1452
1338
2045
1523
1709
カッパ山
1822
1697
八海山（背中アブリ山）
1811
浮島のある池塘
背中アブリ田代
オヤマ沢田代
Start Goal
WC

12

笠ヶ岳

花に彩られた尾瀬の別天地

日帰り

かさがたけ
2057m

歩行時間＝6時間45分
歩行距離＝12・4km

技術度
体力度

コース定数＝25
標高差＝466m
累積標高差 902m 902m

オヤマ沢田代を歩く

尾瀬の山域の最西端に位置する笠ヶ岳は、神秘的な池塘や咲き乱れる豊富な高山植物が魅力で、さらには山頂からの眺望は県下一との定評もある。戸倉からシャトルバスに乗り、**鳩待峠**で下車。鳩待山荘の前に至仏山登山口がある。

よく整備された登山道はブナ林の緩やかな登りで歩きやすい。いくぶん急坂になると、1867メートルのピークを巻く道になり、ここから前方に目指す笠ヶ岳が、はじめてピラミダルな姿を見せてくれる。しばらく行くと右方向が開け、原見岩に出る。尾瀬ヶ原と燧ヶ岳を見ながらひと休みしよう。

急な木の階段を登り、樹林の中を行くと小沢の湧水があるが、飲用には不適。10分ほどで木道の敷かれたオヤマ沢田代に飛び出す。湿原が終わると**笠ヶ岳分岐**に出る。木道を離れて樹林帯の湿った道が続く。オオシラビソの林からすぐに悪沢岳の直下に着く。山腹を巻く道はやがて前方が開け、小笠、笠ヶ岳がすっきりとした姿で迎えてくれる。

ササ原の斜面に沿った道は快適で、日光白根山や皇海山も望め、小休止にもよい。すぐに小さな岩頭を下り、道は再び樹林帯に入る。アップダウンを繰り返すと前方が開け、小笠の直下に出る。花期にはニッコウキスゲの群落もあり、気分のよいお花畑だ。小笠の山頂までは往復5分足らずだが、植生保護のためにロープが張られていて立入禁止になっている。登頂はパスして先に進もう。道はいったん樹林帯の下りとなり、登り返すと笠ヶ岳の直下に着く。わずかに急登すればお花畑の道になり、花期にはホソバヒナウスユキソウをはじめ、花のプロムナードに変わる。本コース中のハイライトで気分爽快である。

山腹を巻いて下り、登り返すと

■**鉄道・バス**
⑩尾瀬ヶ原（36ページ）を参照。

■**マイカー**
⑩尾瀬ヶ原（37ページ）を参照。

■**登山適期**
植生保護のため例年6月末まで登山道が閉鎖される。紅葉は尾根と山頂付近は10月上旬、中腹は10月中旬、山麓は10月下旬。11月上旬には積雪を見ることもある。

■**アドバイス**
▽戸倉から鳩待峠までのシャトルバスは4月下旬～11月上旬の運行。⑩尾瀬ヶ原（37ページ）を参照。
▽戸倉～鳩待峠間は例年5月中旬～10月下旬にマイカー規制される。期間外は鳩待峠まで車で入ることができ、鳩待峠の少し手前に120台駐車できる鳩待峠駐車場がある（2024年は通年マイカー規制）。

■**問合せ先**
⑩尾瀬ヶ原（37ページ）を参照。

■**2万5000分の1地形図**
至仏山

悪沢岳をすぎて最初に望む笠ヶ岳（左）と小笠（右）

CHECK POINT

1 鳩待山荘の西側広場に、鳩待峠の至仏山登山口がある。バス停から徒歩5分

2 原見岩の休憩ポイントから、尾瀬ヶ原と燧ヶ岳が見られる。これから山道らしくなる

3 オヤマ沢田代から小至仏山を望む。木道の敷かれた湿原のお花畑は広々として気分爽快

4 笠ヶ岳分岐。オヤマ沢田代の湿原が終り、道標には笠ヶ岳へ3キロと記されている

5 笠ヶ岳直下の湯ノ小屋方面との分岐。笠ヶ岳山頂は右へ行く

6 大展望が得られる笠ヶ岳山頂。狭い山頂は岩場で強風時には要注意

片藤沼から燧ヶ岳を望む

湯ノ小屋分岐に出て右に向かう。ガレ場もあり、落石に注意をして登れば20分ほどで**笠ヶ岳**山頂に着く。目の前に武尊山、眼下に神秘的な片藤沼を見て、遠くは赤城山から谷川連峰、苗場山までみごとなパノラマを見せてくれる。

山頂は足場の悪い岩棚なので足もとに気をつけて、360度の展望を楽しんだら下山は往路を戻ろう。下りは落石や転倒に充分注意しよう。片藤沼まで足をのばすのもよい。

（清水俊男）

＊コース図は40〜41ページを参照。

13

日帰り

日光白根山

菅沼から弥陀ヶ池経由で白根山に登頂し、五色沼を歩く

にっこうしらねさん
2578m

歩行時間＝5時間50分
歩行距離＝10・5km

技術度

体力度

コース定数＝24

標高差＝842m

累積標高差 ↗1019m ↘1019m

日光白根山は群馬と栃木県境に位置し、男体山、女峰山などからなる日光火山群の主峰で、関東以北の最高峰を誇り、日光国立公園に含まれる。正式名は白根山だが、群馬県の白根山（草津白根山）と区別するため、「日光白根山」の呼称が定着している。また、「奥白根山」の別称もある。

車の場合は菅沼茶屋東の林道に駐車する。標高1735㍍からの登高は、中級クラスの人におすすめで、新緑が清々しい初夏なども気持ちのよい登山を楽しむことができる。**登山口**から林道を10分も歩くと大きな案内板のところに出る。まもなく急坂の樹林帯をジグザグに登るころには、シラビソやクロベの原生林になる。初夏には登山道一帯にカニコウモリが群生して弥陀ヶ池近くまで導いてくれる。

やがて傾斜が緩くなって座禅山の東裾を巻くようになると木道になり、**弥陀ヶ池**のほとりに着く。眼前に大きな岩稜の白根山が高くそびえ、登高意欲を駆り立てる。ここでひと息入れよう。周囲は初夏のイワカガミや夏のマルバダケブキが登山者の心を和ませてくれる。池の西岸斜面一帯はシラネアオイの群生地として知られ、この花の命名となったゆえんであるが、シカの食害で激減してしまったのが残念である。地元では電気柵を設置してシカの進入を防止し、環境調査や自然保護活動に取り組んでいる。淡赤紫色のシラネアオイが、再び弥陀ヶ池の湖面に向かって咲き競う日が来てほしいものだ。

■鉄道・バス
往路・復路＝JR上越新幹線上毛高原駅または上越線沼田駅からバスで鎌田まで行きタクシーを利用する。日光側から行く場合は、日光駅からバス、タクシーを利用する。

■マイカー
関越自動車道沼田ICで下車して国道120号で丸沼高原スキー場方面へ走行、菅沼登山口まで約50㌔。日光側からは日光宇都宮道路清滝ICから国道120号で菅沼登山口まで33㌔。

■登山適期
5～10月。ただし5～6月ごろも積雪があり上・中級者向き。しっかりした登山装備が必要。おすすめの時期は花の多い7月初旬～下旬。シラネアオイは6月ごろ。紅葉は10月上旬だが、山頂部は積雪のことが多い。11～4月は積雪のため避けたい。

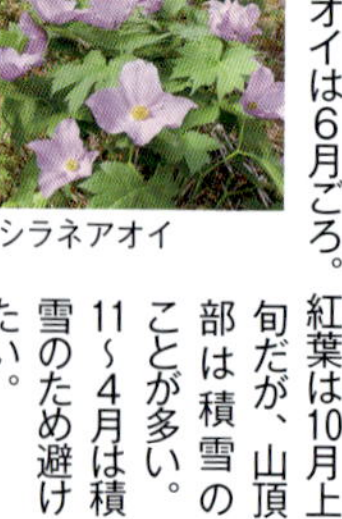
シラネアオイ

■アドバイス
▽初級者はロープウェイを利用する丸沼高原スキー場からのコースがおすすめ。標高2000㍍の山頂駅まで高低差600㍍をいっきに運んでくれる。頂上往復コース（5時間）のほか、自然散策コース（1周1・5㌔）、史跡散策コース（1周3・6㌔）もある。

頂上に立つと何ひとつさえぎるものがない360度の大展望が広がる

きつい登りのあと、まばゆい緑に囲まれた弥陀ヶ池に出る

登山道は白根山の標識に導かれて、右手の**座禅山の鞍部**まで少し登る。ここで七色平へ下る道を右に見送ると、ダケカンバやミヤマハンノキの茂る苦しい登りがはじまる。初夏にはハクサンシャクナゲの大群落のお花畑で、夏にはマルバダケブキの花がいっぱい咲く。いちばんつらい急坂だが、足もとにはコケモモの花が可憐に咲き、秋には甘酸っぱいガンコウランも楽しめる。

さらに高度を上げると会津国境の山々が見え、眼下には弥陀ヶ池と、神秘的な色合いの五色沼が姿を現す。登山道は急なガレ場で浮石が散在するので、落石を起こさないよう岩角につかまり、慎重に歩を進めたい。やがて頂の一角の岩峰へ着く。2等三角点の**白根山**は噴火の爪痕を残しており、岩峰が多いのに驚かされる。山頂には360度なにもさえぎるものがなく、上州、会津、越後、足尾の幾重にも重なる天上からの眺めにうっとりすることだろう。間近には中禅寺湖をしたがえた大きな男体山と、日光連山はもちろん、赤城山、皇海山、上州武尊山、至仏山、燧ヶ岳、平ヶ岳、会津駒ヶ岳、さらには遠く富士山など、日本百名山のオンパレードだ。

山頂から五色沼を目指すには、一度下って奥白根神社を祀る峰に着く。安全登山を祈願していこう。白根山の最高所はこの先の大きな岩峰である。

他の登山客のじゃまにならないように頂上周辺で休憩したら下山にかかろう。ここで右手のロープウェイ駅へ向かう道を見送り、左手の砂礫の平坦な道を行き、やが

ロープウェイ山頂駅のロックガーデンから迫力ある岩峰の白根山を望む

▽日本ロマンチック街道とよばれる国道120号沿いは温泉も多い。望郷の湯、花咲の湯、寄居山温泉「ほっこりの湯」、白根温泉、座禅温泉、丸沼温泉などがある（詳細は片品村観光協会へ）。

■問合せ先

片品村観光協会☎0278・58・3222、日光市役所日光観光課☎0288・53・3795、丸沼高原総合案内☎0278・58・2211、オートキャンプ場・シャレー丸沼☎0278・58・4300、関越交通沼田営業所（バス）☎0278・23・1111、関越交通鎌田営業所（バス・タクシー）☎0278・58・3311、東武バス日光☎0288・54・1138、丸沼タクシー☎0278・22・4018、大和交通（タクシー）☎0288・54・1515

■2万5000分ノ1地形図

丸沼・男体山

てザレ場の道になるので、転ばないように下りていく。前方にどれも2400メートル近くある五色山、白桧岳、錫ヶ岳が等間隔に大きく姿を現す。この3つの山は群馬と栃木の県境にある山である。そして五色沼の真うしろにある山が、前白根山だ。

ダケカンバの枯れ木の多い斜面をジグザグに下っていくと、ハクサンチドリやバイケイソウの花が見られる。やがて**避難小屋**の前に着く。周辺の夏はハクサンフウロ、クルマユリ、シシウド、トリカブトのお花畑になり楽しみだ。

避難小屋からは前白根山へ登る道を右に分けて、見通しの悪い樹林帯を下ると**五色沼**に着く。沼周辺も花が多く、山上の楽園である。また6月下旬ごろまで残雪がある。運がよければ人間慣れしたシカに逢うこともできるだろう。

湖畔の散策を楽しんだら、弥陀ヶ池へ向かっていく。苦しい登りになるが、県境の五色沼分岐のコルまでひと踏ん張りしたい。やがて**弥陀ヶ池**のほとりに出る。あとは往路を戻る。　（根岸登喜雄）

↑頂上からはすぐ近くに大きな男体山と中禅寺湖がすばらしい

←北方を振り返ると奥に双耳峰の燧ヶ岳がひときわ美しい

CHECK POINT

1 菅沼コースは数ある登山道の中でも、いちばんの人気コースで、五色沼にもぜひ立ち寄ってみよう

2 登山口から広くて緩やかな林道を10分も歩くと、大きな案内板のところに出る

3 白根山の標識と2等三角点のある山頂。日光連山や、燧ヶ岳、至仏山、武尊山などの展望がすばらしい

4 頂上から砂礫の道を下っていくと、約40分でりっぱな五色沼の避難小屋に着く

5 避難小屋から緩やかな下り道を行くと、わずか15分で静寂としたたたずまいの五色沼のほとりに出る

6 五色山の分岐から先ほど登ってきた白根山を裏側から見上げながら行くと弥陀ヶ池が見えてくる

菅沼
120
鎌田、沼田ICへ
金精峠トンネル、湯元温泉へ
菅沼キャンプ村
Start Goal
菅沼
菅沼登山口
1736m
菅沼茶屋
1771
大きな案内板
ゴゼンタチバナ、マイヅルソウ、ズダヤクシュが多い
1828
群馬県
片品村
笹原を行く
金精峠
金精山
急坂でつらい登り
カニコウモリが多い
六地蔵
1992
日光白根山ロープウェイ山頂駅
丸沼高原へ
賽の磧
2070
史跡散策コース
自然散策コース
血ノ池地獄
山頂ロックガーデン
2133
七色平
避難小屋
七色平分岐
大広河原
座禅山
標識あり
座禅山鞍部
弥陀ケ池
五色山 2379
シラネアオイ
湖畔にはイワカガミが群生
五色沼
ガレ場。浮石が多い。落石とスリップに注意
2047
白根神社
日光白根山
2578
2249
急坂
6月まで残雪が多い
前白根山
五色沼避難小屋
1950
ザレ場。転倒に注意
2385
栃木県
日光市
2353
2103
N
0
500m
1:25,000

14

美しい湖畔から踏みこむ原生林の山2峰

四郎岳・燕巣山

しろうだけ　2156m
つばくろすやま　2222m

日帰り

歩行時間＝7時間10分
歩行距離＝8・6km

技術度
体力度

コース定数＝29
標高差＝790m
累積標高差　1273m　1273m

丸沼から四郎岳（左）燕巣山（右）

四郎岳と燕巣山は丸沼の北奥に佇む原生林に覆われた山で、四郎峠をはさみ東西に対峙している。

丸沼温泉の駐車場に車を停め治山事業の看板の横から四郎沢へ入る。登山口からは舟形の四郎岳が見えている。ササやぶがあたりを覆っているが、踏跡ははっきりしていて堰堤が幾重にもある。大きい堰堤を5箇所左右に渡っていくと、最後の堰堤の上に小石で積み上げたケルンが道標になっていて、赤テープもある。そこからは沢沿いの道を左岸、右岸と徒渉を繰り返して登る。きれいなナメ沢であるが、倒木が多く荒れている。

2つ目の二股を左岸側からロープ伝いに昔道の尾根に登ると、大きな白ゾレ（一枚岩）の縁を通り、やぶの中に突入し、ジグザグに登ると**四郎峠**に着く。昔は根羽沢金山（大清水）から丸沼（金精道路）まで続いて利用されていたらしいが、鉱山の廃止とともに廃道になった。今は四郎峠まで東電巡視路の道がはっきりと続いている。

四郎峠からは両山とも見えないが、東に燕巣山、西に四郎岳への登山道が続いている。まずは燕巣山に登ろう。東電の標石がずっと続いて、はじめの1891メートルピークをすぎると、見通しがよく、白根山や丸沼が見えてくる。急勾配になり、喘ぎながら登ると、途中から再び南西側に丸沼と白錫尾根が見え、北西側には燧ヶ岳、会津駒ヶ岳、西には至仏山、越後三山などが見える。

燕巣山山頂に三角点はなく、山名板があり、奥に湯沢峠へのわずかな踏跡がやぶに覆われて、金精山、根名草山、温泉ヶ岳方面も見

■鉄道・バス
往路・復路＝JR上越新幹線上毛高原駅または上越線沼田駅からバスで鎌田まで行き、タクシーを利用する。

■マイカー
関越自動車道沼田ICから国道120号を丸沼温泉へ、宿泊所もあり大駐車場が整備されている。駐車料金は無料。丸沼温泉駐車場にトイレあり。登山口は駐車場の最奥北。

■登山適期
雪解けの春から秋の紅葉がよい。初冬は遠景を見ながら登るのもよい。真夏の暑い時期と真冬の積雪期は適さない。

■アドバイス
▽四郎沢を峠まで行き、四郎岳、燕巣山両山に登るが、どちらも急登。
▽丸沼温泉は環湖荘で日帰り入浴が可能、ヒメマス風呂とニジマス風呂がある。

■問合せ先
片品村観光協会☎0278・58・3222、関越交通タクシー（鎌田）☎0278・58・3311、関越交通バス☎0278・23・1111、環湖荘☎0278・58・2002

■2万5000分ノ1地形図
三平峠

えている。

休憩のあと、**四郎峠**へ戻り、四郎岳へ登り返す。道は倒木があり、急勾配。春は小さな花が咲き、疲れを吹き飛ばしてくれる。振り返ればおむすび形の燕巣山が見える。燕の巣をひっくり返したような形なのでその名がついたという。

急坂を登ると四郎岳の山名板が見える。**四郎岳**頂上はシラビソ樹林に囲まれていて2等三角点がある。開けたところからは白根山、男体山（なんたいさん）も見える。四郎岳から先も西側に道がはっきり付いていて樹木の高いところにテープの印がある。積雪期は唐沢岳（からさわだけ）からの登山者もいるようだ。

帰路はところどころにロープがある急坂を下り、**峠**に戻り、四郎沢を下ると**丸沼温泉**の駐車場に着く。道ははっきりして迷うようなことはないが、急登の2座である。

（前野和世）

燕巣山
2222
急坂、倒木あり
西に燧ヶ岳、
越後三山が見える
湯沢峠への踏跡あり
白錫尾根、金精山、
根名草山方面の展望よし
白根山、
丸沼が見える
1.20
1.10
1891
急坂。登る途中に
振り返ると三角形の
燕巣山が見える
四郎峠
白ゾレがある
左岸をロープ伝いに
中尾根へ登る
湯沢峠へ
1.00
0.40
奥の二俣
四郎岳
2156
樹林の中に
2等三角点がある
簾状のナメ沢が続く
四郎沢
湯沢
1645
1.20
1.40
群馬県
片品村
最後の堰堤にケルン、
赤テープあり
駐車場奥の登山口から
四郎沢に下りて徒渉する
丸沼温泉
丸沼温泉登山口
1432m
Start Goal
0 500m
1:30,000
丸沼
鎌田、沼田ICへ

CHECK POINT

1 駐車場からは四郎岳が見え、奥に登山口がある。治山事業の看板を左に川原に下りて対岸に渡る

2 いく重にも堰堤が続くが、最後の堰堤にはケルンの道標がある

3 ナメ沢の側道を徒渉しながら登り、最後の二俣にはロープが設置されている

4 一枚岩（白ゾレ）の縁を登る

5 四郎峠は、かつては峠越をして大清水まで続いていた道という

6 燕巣山へ登る途中から白根山と丸沼、西側には遠く燧ヶ岳が見える

7 燕巣山の山頂からは湯沢峠への踏跡があるが、やぶは深い

8 燕巣山から急降下で四郎峠へ戻り、急登で四郎岳へ登り返す

15

深い原生林に包まれた足尾山塊の盟主

皇海山

すかいさん 2144m

日帰り

歩行時間＝4時間55分
歩行距離＝6.5km

技術度
体力度

コース定数＝20
標高差＝789m
累積標高差 ↗888m ↘888m

皇海山は群馬と栃木の県境にあり、日光白根山から袈裟丸山に連なる足尾山塊のほぼ中央に位置している。深い原生林に覆われ、渡良瀬川源流に大きくそびえ立つ山だ。

根張りのあるどっしりとした山容と風格から、足尾山塊の盟主とよばれている。古くは講中登山でにぎわった庚申山の奥の院とされ、山頂近くには青銅の剣が建立されている。

登山道は栃木県側の銀山平から入り、庚申山荘で一泊して庚申山、鋸山を経由する伝統的なコースと、群馬県側の不動沢のコースがある。

関越自動車道沼田ICより国道120号を日光方面に向かい、追貝から栗原川林道をたどると、**皇海橋**のたもとに駐車場がある。林道支線に入り、数回曲がると左側の岩の近くに道標がある。ここが不動沢の入口である。不動沢を飛び石づたいに対岸に渡り、カラマツの芽吹きが美しいなだらかな笹原を歩く。道標にしたがって沢に下り、**二俣徒渉点**で左の支沢を渡ると右の本流伝いに道が続いている。しばらくすると、カラマツ林の先に県境線を仰ぎ見る。日帰りで登れる山とはいえ、皇海山は懐が深い。

やがて岩の重なり合った**ガレ場**

土が洗い出され、木の根が露出した皇海山中腹。バランスをとりながら慎重に歩こう

不動沢のコルから鋸山の鋭鋒を望む

■鉄道・バス
往路・復路＝JR上越線沼田駅下車、タクシー（要予約）で皇海山登山口へ。

■マイカー
関越自動車道沼田ICを降り、国道120号を日光方面に向かう。吹割の滝手前の信号を右折、栗原川林道に入り、皇海山登山口駐車場へ。沼田ICから皇海橋まで約42㌔。約25台の駐車が可能。橋をはさんで追貝と根利側両方に停められる。トイレあり。

■登山適期
5月中旬～10月下旬。初夏のシャクナゲ、秋の紅葉がベスト。冬季は林道が閉鎖されるので不可。

■アドバイス
▽皇海山登山口までは追貝口と根利口の2つのルートがある。林道は狭く悪路で、崖崩れや落石が多発している。栗原川林道の通行は、通常5月～11月初旬までとなる。通行止めになる場合があるので、事前に沼田市役所に確認のこと。
▽時間と体力に余裕があれば不動沢のコル（40分→←30分）鋸山の往復も可能。

■問合せ先
沼田市役所利根町振興局商工観光課
☎0278・56・2111

■2万5000分ノ1地形図
皇海山

注：紹介の不動沢コースはアクセス路となる栗原川林道の崩壊により2020年に閉鎖されている。登山は栃木県側からのコースを利用する。

シャクナゲが咲く鋸山山頂から皇海山を望む

の二俣に着く。ここから右の涸れ沢に入ると水量が少なくなり、沢が枝分かれしているので道標をよく確かめること。水がなくなると道は沢から離れて右に登っている。ロープのついた堀割りのような急坂を、木につかまりながら登りきると樹林帯に出て、営林署の看板が立つ**不動沢のコル**に着く。

ここから県境尾根の登りになる。笹原には獣道が縦横無尽に走り、オオシラビソ、コメツガの自然林が奥深い山の雰囲気を醸し出している。木の根がむき出しになった急坂を越えて左に回りこむと、青銅の剣が立っている。**皇海山**山頂は三方が樹林に囲まれ、鋸山、袈裟丸山方面の展望がよく、樹林越しに錫ヶ岳、日光白根山が望める。

下山は往路を戻る。（佐藤幹男）

CHECK POINT

1 追貝側の駐車場から皇海橋を渡ると、林道支線入口に大きな丸太造りの皇海山登山口の道標がある

2 不動沢上流部のガレ場の二俣。コースは右の涸れ沢だ。水量が少なくなり、沢の中を歩くようになる

3 不動沢のコル。晴れていれば鋸山の鋭鋒を望むことができる。広場になっているのでひと休みしていこう

4 東京の庚申講の先達、木林惟一氏が建てた青銅の剣。奉納年月日も、どこから運ばれたのかも不明

5 皇海山山頂でくつろぐハイカー。樹林に囲まれた山頂には渡良瀬川水源碑が立っている

6 不動沢のコルから鋸山にかけてササが刈り払いされて歩きやすくなった。鋸山直下の岩場は落石に注意しよう

1:20,000
500m
登山口の皇海橋に通じる栗原川林道は通行止めになることが多いため、事前に必ず沼田市役所に確認すること
国道120号、追貝へ
根利へ
栗原川
栗原川林道
登山届のポストあり
登山口
皇海橋
1355m
Start Goal
皇海橋を渡る手前と渡った先に駐車場がある
不動沢徒渉点
笹原
二俣徒渉点
シャクナゲ、ミツバツツジ
群馬県
沼田市
不動沢
ガレ場の二俣
急坂、危険
急坂。ロープあり
不動沢のコル
笹原。倒木あり
ロープあり。岩場、落石に注意
シャクナゲ、ミツバオウレン
360度の展望
鋸山
六林班峠へ
庚申山へ
急坂
青銅の剣がある
皇海山
鋸山、袈裟丸山、赤城山の展望
栃木県
日光市

16

前袈裟丸山

まえけさまるやま
1878m

折場口から花と展望、紅葉期に訪れたい足尾山塊南端の山

日帰り

歩行時間＝6時間15分
歩行距離＝10・5km

技術度
体力度

コース定数＝25
標高差＝683m
累積標高差 ↗1034m ↘1034m

アカヤシオと前袈裟丸山

前袈裟丸山はみどり市と栃木県日光市にまたがる山で、1等三角点のある前袈裟丸山から後袈裟丸山、中袈裟丸山、奥袈裟丸山と足尾山塊の南端に位置する。太田市や伊勢崎市方面からは、赤城山の右側に形のよい双耳峰としてその姿を望むことができる。春はツツジ、秋はカラマツ林の紅葉が登山道を彩り魅力だ。また、前袈裟丸山山頂付近は針葉樹林で、シャクナゲが群生している。

銅街道、国道122号には「けさ丸山登山口・寝釈迦6キロ」の標識がある。林道小中西山線に入り、最奥の西山集落をすぎると分岐案内板があり、右へ塔ノ沢コースを分ける。さらに林道を左奥へ進むと左側に展望の開けた駐車場がある。ここが弓の手コース入口の**折場登山口**だ。

登山口から階段状の道を登る。登山道は一部、植生保護のロープが張ってあるので、中に入らないように注意をしたい。階段を登りきり、しばらくすると尾根に出る。左側が開けて天候に恵まれれば、赤城山や浅間山、八ヶ岳方面などを望むことができる。

尾根を右に巻くように進むと、ツツジ平に出る。しばらくして関東ふれあいの道展望台に着き、袈裟丸連峰の雄姿が望める。

すぐに、**賽の河原**に着く。灌木の間に大小に黒い岩の点在する平地で、地蔵尊が安置されている。死んだ子供を済度したという弘法大師にまつわる伝説のあるところである。賽の河原で塔ノ沢コースと合流する。ツツジやダケカンバ林の穏やかな登山道が続き、春から初夏にかけて花の道、秋には綾

■鉄道・バス
往路・復路＝わたらせ渓谷鐵道沢入駅下車。沢入駅から登山口まではタクシーを利用（沿線のタクシー会社はみどり市大間々町と栃木県日光市足尾町にしかなく、事前に確認を。約12キロ、徒歩約3時間以上かかる）。

■マイカー
北関東自動車道太田桐生ICから国道50号、国道122号経由で林道小中西山線に入り、折場登山口まで約55キロ、約1時間45分。

■登山適期
ツツジ、シャクナゲが咲く5～6月上旬と紅葉の10月中旬～下旬がよい。自然が豊かに残されている山域なので、ニホンジカを目にすることもある。冬期は冬山経験者以外控えたい。

■アドバイス
▽前袈裟丸山から後袈裟丸山に続く八反張のルートは風化が進んでいるため、現在通行禁止。
▽マイカーの確保ができれば、塔ノ沢登山口から登り、寝釈迦を見学し、賽の河原、（2時間↓↑1時間30分）小丸山（小袈裟）。復路は、本

寝釈迦

展望台から秋の袈裟丸連峰を望む

錦の道になる尾根だ。

　しばらくすると左側に雨量計を眺め、植生保護のロープの中を歩き、登りきると**小丸山**（小袈裟）だ。山頂からは北側の展望が開け、袈裟丸連峰、皇海山、庚申山など足尾山塊を見わたせる。

　小丸山を下っていくと、ダケカンバ林の広場には蒲鉾型の小丸避難小屋がある。しばらくして、小ピークを越え、樹林を急登。やがて、緩やかな笹原をたどっていくと、**前袈裟丸山**山頂に着く。南側が開け、赤城山、その右に浅間山、左に西上州、八ヶ岳、秩父方面の展望がよい。天候に恵まれれば、遠く富士山まで望める。下山は往路を戻る。

（大隅久人）

1 折場登山口駐車場。15台程度駐車可能だが、花の時期は満車になる時がある。あずまや、トイレがある

2 関東ふれあいの道展望台。袈裟丸連峰、赤城山のすばらしい展望が楽しめる

3 雨量計。この付近は、アカヤシオが群生している。植生保護のロープが張ってある。中に入らないように

4 小丸山（小袈裟）山頂。北側の展望が開け、足もとに深く餅ヶ瀬川が切れこみ、対岸に袈裟丸連峰がそびえ立つ

5 ダケカンバ林の中の小丸避難小屋。内部はきれいで利用価値の高い小屋。4～5人収容可。トイレあり

6 南側の展望が開けた、前袈裟丸山山頂。1等三角点が置かれ、袈裟丸連峰の主峰とされている

文の賽の河原から弓の手コースで折場登山口へ下ると、変化のある山旅を楽しむことができる。

▽時間に余裕があれば、小中大滝、けさかけ橋の見学もよい。遊歩道が整備されており、新緑や紅葉の時期は特にすばらしい。

けさかけ橋

▽山旅の汗を流すには、サンレイク草木とわたらせ渓谷鐵道水沼駅温泉センターがあるが、前者は建て替え工事中（2026年再開予定）、後者は2024年現在休業中。

■問合せ先

みどり市役所産業観光部観光課☎0277・76・1270、わたらせ渓谷鐵道☎0277・73・2110、沼田屋タクシー配車センター☎0277・44・5242、足尾観光タクシー☎0288・93・2222

■2万5000分ノ1地形図

袈裟丸山

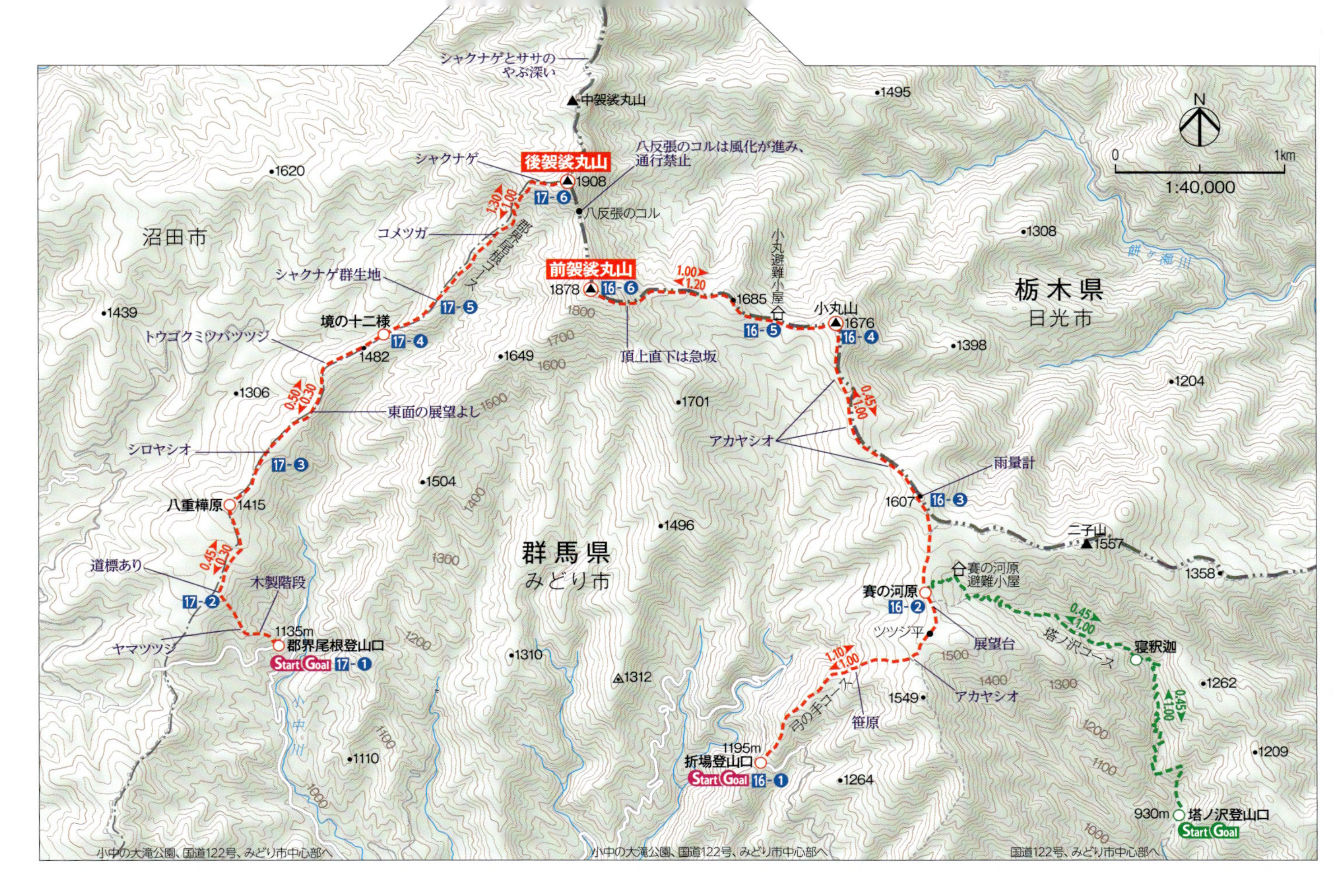

シャクナゲとササのやぶ深い
中袈裟丸山
後袈裟丸山
1908
シャクナゲ
八反張のコルは風化が進み、通行禁止
八反張のコル
沼田市
コメツガ
郡界尾根コース
シャクナゲ群生地
前袈裟丸山
1878
小丸避難小屋
1685
小丸山
1676
栃木県
日光市
境の十二様
1482
トウゴクミツバツツジ
頂上直下は急坂
東面の展望よし
シロヤシオ
アカヤシオ
雨量計
八重樺原
1415
1607
二子山
1557
1358
道標あり
群馬県
みどり市
木製階段
賽の河原避難小屋
賽の河原
ヤマツツジ
1135m
郡界尾根登山口
Start Goal
ツツジ平
展望台
塔ノ沢コース
寝釈迦
弓の手コース
アカヤシオ
笹原
1195m
折場登山口
Start Goal
930m
塔ノ沢登山口
Start Goal
餅ヶ瀬川
小中川
1:40,000
N
0
1km
小中の大滝公園、国道122号、みどり市中心部へ
小中の大滝公園、国道122号、みどり市中心部へ
国道122号、みどり市中心部へ

17

後袈裟丸山

足尾山地に君臨する静かで雄大な花の山

あとけさまるやま
1908m

日帰り

歩行時間＝5時間
歩行距離＝8・8km

技術度
体力度

コース定数＝23
標高差＝773m
累積標高差 ↗1070m ↘1070m

皇海山を盟主とする足尾山塊の南端にそびえる袈裟丸山は、南北に連なる連峰である。5月の連休すぎから6月上旬まで、アカヤシオ、シロヤシオ（ゴヨウツツジ）、トウゴクミツバツツジ、シャクナゲと咲き、地元の登山者は毎年「袈裟丸のヤシオ」に期待している。

交通の便は悪いが、林道の舗装が進み、マイカー登山には便利になってきた。国道122号の小中橋から県道268号に入り、追付橋から小中の大滝をすぎT字路分岐を左に進む。小中川に沿って林道小中新地線を4・5キロで案内図や入山届ポストのある**郡界尾根登山口**に着く。

ここから雑木の尾根を登り、ササ原の尾根の端にたどり着く。ひと登りで三角点のある**八重樺原**だ。東面が開け、前袈裟丸山、後袈裟丸山が頭を持ち上げて

紅葉の小中の大滝。春はアカヤシオに彩られる

■**鉄道・バス**
往路・復路＝追付橋へはわたらせ渓谷鐵道神戸駅からみどり市の東町路線バスがあるが、1日1便と少なく登山には使用できない。タクシー利用の場合は東武桐生線赤城駅からとなる。⑯前袈裟丸山（53ページ）を参照。

■**マイカー**
国道122号の小中橋信号から小中大滝自然公園～郡界尾根登山口まで11キロ。

■**登山適期**
5月上旬からアカヤシオ、下旬にシロヤシオ、トウゴクミツバツツジ、シャクナゲが咲く。紅葉は10月中～下旬。

■**アドバイス**
▽林道小中新地線は郡界尾根登山口まで舗装されたが、落石などでの通行止めも多く、地元みどり市役所での確認をとりたい。
▽日帰り入浴は、わたらせ渓谷鐵道水沼駅温泉センターや国民宿舎サンレイク草木があるが、前者は2024年現在休業中、後者は建て替え工事のため2026年まで休業予定。
▽道の駅「くろほね・やまびこ」は野菜や山菜などがあり人気がある。

■**問合せ先**
みどり市役所産業観光部観光課☎0277・76・1270

■**2万5000分ノ1図**
袈裟丸山・上野花輪

いる。
ここは登山者も少なく、開放感のある尾根歩きを堪能できる。春にはシロヤシオやトウゴクミツバツツジを楽しみながら、なだらかな尾根を登る。**境の十二様**（じゅうにさま）の祠をすぎるころ、ピンクのアズマシャクナゲの群生地となる。

急な斜面も花に励まされ、いつの間にか前袈裟丸山が目の高さになっている。尾根は右にのび、まもなく**後袈裟丸山**山頂だ。この先の尾根は北に中袈裟丸山、奥袈裟丸山、皇海山へと続く。シャクナゲの大群生地だが、ササとシャクナゲのやぶは深く、経験者向きコースだ。また、前袈裟丸山へ続く鞍部の八反張（はったんばり）のコルは崩壊のため現在は通行禁止になっている。

帰りは往路を戻るが、八重樺原から望む前・後袈裟丸山は開放的で去りがたい景色だ。時間の許す限り袈裟丸の余韻を味わいたい。

（小林 功）

↑八重樺原から望む前袈裟丸山（右）と後袈裟丸山（中央）

←中袈裟、奥袈裟から皇海山、日光白根山に続く県境尾根

CHECK POINT

1 郡界尾根登山口には案内図と計画書投函箱がある。ここまで舗装され駐車5台可

2 熊にかじられた道標。下山時はここが目印。要注意

3 雄大な前袈裟丸山、後袈裟丸山を静かに見守る八重樺原の貴公子とよばれるダケカンバの大木

4 境の十二様の祠に安全登山を祈る

5 十二様をすぎるとシャクナゲが多くなって期待も高まってくる

6 シャクナゲに囲まれた静かな後袈裟丸山山頂

＊コース図は55ジペーを参照。

18

ツツジ咲く県境稜線の花と展望の周回コース

根本山・熊鷹山

ねもとさん 1199m
くまたかやま 1169m

日帰り

歩行時間＝4時間
歩行距離＝10.0km

技術度
体力度

コース定数＝22
標高差＝626m
累積標高差 ↗1140m ↘1140m

ツツジ咲き乱れる熊鷹山頂展望台より根本山（左）と十二山（右）

根本山は桐生川源流にあり、古くから信仰の山として親しまれ、沢コースはかつて根本山神社への参道であった。根本沢には石の道標や石仏が残り、往時を偲ばせる。尾根続きの熊鷹山からは関東を一望でき、春のアカヤシオやシロヤシオ、秋の紅葉と四季折々の景観が楽しめる。ここでは最もポピュラーな中尾根コースを登り、熊鷹山を周回するルートを紹介する。

根本山頂上付近より残雪の日光白根山方面の山並み

桐生市街から県道66号を北上し、石鴨集落先の林道三境線分岐にある**駐車スペース**に車を停め、5分ほどで**不死熊橋**に着く。車止めゲートをくぐって進み、根本沢**林道起点の分岐**を左に折れ、200㍍ほど進むと**中尾根コースの取付**に着く。ヒノキの植林帯を登っていくと尾根道となり、やがて石祠のある小ピークに着く。季節にはアカヤシオなどを見ながら、しばらく登ると**中尾根十字路**だ。右に十二山、左に沢コース方面が分かれる。

直進してまもなく**根本山**山頂に着く。樹林に覆われて展望には恵まれない。山頂を東に下っていくと十字路からの道と合流し、十二山根本山神社に着く。大きな鉄製

■鉄道・バス
往路・復路＝JR両毛線桐生駅下車。おりひめバスで梅田ふるさとセンター前へ。登山口の不死熊橋まで徒歩約1時間30分。

■マイカー
桐生市街の県道66号を桐生川に沿って北上し、石鴨集落先の林道三境線分岐の駐車スペースに車を停める。

■登山適期
アカヤシオが咲く4月下旬～5月上旬は特に美しい。2～3月は積雪や凍結があるので避けたい。

■アドバイス
▽根本沢コースは、昔日の登山道として魅力的であるが、難所が多いため経験者の同行が望ましく、登りでの利用をすすめたい。コースへの入口は、不死熊橋の左手、または中尾根コース取付き点から林道200㍍ほど先の沢コースへの下降点。おすすめは後者だ。熊鷹山への周回をした場合の歩行時間は約6時間5分ほど。
▽根本山神社（奥の宮）は鐘楼も備えた神社だが、柱や床の老朽化が進んでいるため見学時は慎重に。

■問合せ先
桐生市役所観光交流課☎0277・46・1111、おりひめバス☎0277・54・2420（桐生朝日自動車）

■2万5000分ノ1地形図
沢入

の斧が奉納され、里人の篤い信仰心がうかがえる。

先に進むと氷室山分岐に出る。時間があれば氷室山を往復するのもよいだろう。**十二山**からは南方へ尾根コースを進み、最後の小尾根を登ると**熊鷹山**山頂に出る。付近は春にはアカヤシオ、シロヤシオ、ミツバツツジが百花繚乱に咲き誇る。

展望を楽しんだあとは、西寄りの急坂を下り、山神の祠と作原町小戸への分岐を左に見て直進する。尾根続きの丸岩岳、野峰への道を左に見送り、林の中を急降下すればまもなく**林道**に出る。林道を右に進み、しばらく下ると、往路で分かれた**林道分岐**を経て、車止めゲートのある**不死熊橋**に帰り着く。**駐車スペース**へは5分で着く。

（中田 滋）

CHECK POINT

1 林道三境線分岐にある駐車スペースに車を停めてスタートする（約25台駐車可能）

2 登山口となる不死熊橋。ゲートをくぐり直進する。ゲート左手には根本沢コース入口のロープがある

3 石鴨林道と根本沢林道の分岐。中尾根コースや根本沢コース下降点へはここを左に進む

4 根本沢林道から中尾根コース取付点。この先しばらくヒノキの植林帯の中を登る

5 道標の立つ中尾根十字路。根本山山頂は直登してまもない。左は根本沢コース、右は十二山方面

6 アカヤシオ咲く根本山山頂付近で憩うハイカー（頂上は樹林に囲まれている）

7 昔が偲ばれる木製鳥居や石祠、大きな鉄斧などが残る十二山根本山神社

8 ツツジの花に囲まれた熊鷹山頂の展望台。前日光方面や足尾山地の山並みが見わたせる

19

疲れも吹き飛ぶ360度の大展望

鳴神山

なるかみやま
980m

日帰り

歩行時間＝3時間
歩行距離＝5・8㎞

技術度

体力度

コース定数＝14

標高差＝555m

累積標高差

621m
621m

落葉した季節には椚田峠北方の小ピークから双耳峰の鳴神山が見える

鳴神山は、かつて絹織物の産地として栄えた桐生市の代表的な山である。市北部の川内町と梅田町にまたがる鳴神山脈の主峰で、山頂は二峰に分かれている。

東峰の桐生岳は桐生川筋の村が、西峰の仁田山岳は山田川筋の村が、それぞれ雷神（なるかみ）の住む山として、古くから山岳信仰の対象として崇めてきた。肩の広場には雷神岳神社が鎮座し、現在も5月第1日曜には祭事が行われている。

今回は川内駒形コースを紹介しよう。桐生市街から、北に県道駒形大間々線を川内町の奥へ進む。左手にバス終点の吹上バス停をすぎ、何回かカーブすると**駒形登山口**だ。手前に7台ほど置ける駐車スペースがある。路肩駐車も可能だが、地元の人の迷惑にならないよう気をつけよう。まず、登山口案内板のある小さな廣土橋を渡り、10分ほど直進すると、〝鳴神山自然探勝路〟の道標がある。ここから沢の音色を耳に歩くと、四季折々の花々が次々と咲くので、訪れるファンが多い。

中間点の標識を越えると水場があり、丸太でつくられた椅子もあるので、休憩地として利用できる。第二石門をすぎ、沢筋から離れた登山道をジグザグに登ると**雷神岳神社広場**に着く。秩父の三峯神社と同じオオカミの「おいぬさま」がいる右の鳥居をくぐり、急坂をひと登りで大展望の**鳴神山**山頂（桐生岳）に着く。狭い山頂には4基の祠が置かれ、信仰が盛んだったころを偲ばせる。北に男体山など日光・足尾の山々、西に上毛三山、快晴の日は南に富士山、スカイツリーも望める。

西に向かうと、右に仁田山岳山頂。祠が二基祀られている。少し下ると、左に第一展望台。尾根を

仁田山岳北斜面のアカヤシオ。4月中旬をすぎると一面がピンク色に染まる

■鉄道・バス
往路・復路＝JR両毛線桐生駅または東武桐生線新桐生駅から、おりひめバス川内線に乗車、終点の吹上バス停で下車。駒形登山口まで徒歩20分。

■マイカー
北関東自動車道の太田藪塚ICまたは太田桐生ICより、桐生市街方面へ。

■登山適期
四季を通して楽しめるが、降雪時は注意。新緑、紅葉の季節のほか、夏の時期も珍しい花が次々と咲く。花の多さと美しさに心いやされる。

■アドバイス
▽鳴神山は、低山ながら秩父古生層

1 廣土橋手前に鳴神・吾妻ハイキングコースの案内板がある。駒形登山口は直進。左側は、赤柴林道から戻る方向である

2 雷神岳神社広場に2017年7月、なるかみ小舎（避難小屋）が建てられた。近くには狼の「おいぬさま」もいる

3 鳴神山山頂は、山座同定の方位案内板があり、南眼下に桐生市街、遠くには富士山も望むことができる

4 第一展望台からは、赤城山が大きく、裾野まではっきりと見える

5 椚田峠。東に3分下ると、カッコソウの保護地。さらに10分ほど下ると、ヒイラギソウの自生地がある

6 椚田峠から西に30分ほど下ると、林道に出合う。駒形登山口への矢印の標識にしたがい左折する

北に向かうと**椚田峠**の十字路に出る。北進すると座間峠方面へ。東に下山すると、コツナギ橋登山口へ。

今回は、西の赤柴林道へ下山する。急坂を下り、落葉がフカフカの広葉樹林帯やスギ林をすぎると、**赤柴登山口**の案内板がある。左折し、沢沿いに下ると**駒形登山口**に戻る。（江森恵美子）

の海底堆積物を中心とした硬い岩石からなり、亜高山帯から高山帯に見られる植物が咲く、貴重な自然環境を保っている。カッコソウ（勝紅草）は、鳴神山のみに分布するサクラソウ科の多年草で、絶滅危惧IA類に指定されている。地元有志が20数年かけて移植、保護して、現在、みごとに花を咲かせている。そのほか、ヒイラギソウ、ヒトツバエゾスミレ、レンゲショウマなどが咲く。

カッコソウ

レンゲショウマ

▽サブコース　梅田町側からコツナギ橋登山口と大滝登山口がある。コツナギ橋登山口は2〜3台ほど駐車スペースがある。大滝登山口は樹徳高校大滝山荘の私有地のため駐車禁止。どちらの登山口を利用しても、一周3時間30分のコース。

■問合せ先　桐生市役所観光交流課☎0277・46・1111、おりひめバス☎0277・54・2420（桐生朝日自動車）

■2万5000分ノ1地形図　大間々

20 吾妻山

低山ながら変化のあるハイキングが楽しめる市民の山

日帰り

あづまやま
481m

歩行時間＝2時間20分
歩行距離＝5・5km

技術度 ★
体力度 ★

コース定数＝11
標高差＝311m
累積標高差 ↗448m ↘448m

桐生市街より吾妻山（中央）と堂所山（女吾妻山／右奥）

吾妻山山頂からの展望

吾妻山は桐生市街地の北西部に位置し、多くの市民やハイカーで、毎日早朝から夕方まで人が絶えることがない。春には山頂付近にヤマボウシやリョウブの花が咲き、同じ時期に川内側の東禅寺登山口から登ればひと汗かいたころに薄紫色のコアジサイの群落に出会える。

登山口の**吾妻公園**駐車場から公園内に入り、直進するルートと手作りの標識にしたがって右の尾根を登るルートがあるが、どちらも同じ陸橋に出る。なだらかな山道をしばらく登ると丸太のベンチのある広場に出る。そこが登山口で、本格的な登りがはじまる。

ゴツゴツした急な岩場を直進する男坂と、なだらかな女坂に分かれる。男坂を直登しても足場はよく、心配はない。少し登れば**トンビ岩**だ。そこからの展望はすばらしく、山紫水明の桐生にふさわしい街並みが見え、ひと息つける。ここで少しガレた急斜面を登ると緩やかな鞍部に出る。平坦な山道

■**鉄道・バス**
往路・復路＝JR両毛線桐生駅から北に向かうと上毛電鉄の西桐生駅に出る。さらに北に進み、標識にしたがって信号を左に折れて少し行くと光明寺に着く。その裏が吾妻公園である。

■**マイカー**
国道50号から桐生市中心部に向かい、JR両毛線の高架下をくぐり、標識にしたがって吾妻公園を目指す。

■**登山適期**
真夏の炎天下以外はいつでもよい。新緑や紅葉時期も低山ながらすばらしい。特に冬場のトレーニングには最適である。

■**アドバイス**
▽鳴神山への縦走コースは登山道も明瞭で充実した尾根歩きが楽しめる。
▽自然観察の森までのミニ馬蹄形コースもおすすめ。帰りはタクシーかおりひめバスを利用するとよい。

■**問合せ先**
桐生市役所観光交流課☎0277・46・1111、おりひめバス☎0277・54・2420（桐生朝日自動車）

■**2万5000分ノ1地形図**
桐生・大間々

が終わるところが山頂までの中間点で、ここから、いよいよきつい登りとなる。まもなく左右に分かれる分岐点に出るが、第二女坂とよばれる右コースを行くのが一般的だ。あとひと息の急登で**吾妻山**山頂に着く。りっぱな祠があるので、登山の安全を願い手を合わせよう。

山頂からは桐生川と渡良瀬川にはさまれるように集積する街並みが見える。冬期には富士山、スカイツリー、副都心の高層ビル群も見わたせる。低山であるが充分満足感が得られるだろう。

山頂から北に急な階段を下り、ひと登りすれば無線反射板のある**堂所山（女吾妻山）**だ。ここは休まず村松峠に向かう。だらだら下っていくと**村松峠**の表示板があるので、右手の宮本町方面へ下る。以前は薄暗い杉林だったが、間伐が進み、日の差す明るい道になった。**村松沢登山口**に下り着いたら道なりに進み、ゆっくり街並み見学などをしながら光明寺を目指そう。光明寺の奥に**吾妻公園駐車場**がある。（小磯政男）

CHECK POINT

1 吾妻公園口登山道入口は光明寺の裏側にあり、吾妻公園の入口でもある。トイレあり

2 いよいよ急登がはじまる登山口。足場のよい岩場をほんの少し登ればトンビ岩はもうすぐそこだ

3 トンビ岩は桐生の街が見えるビューポイント。前後がゴツゴツした急坂なので注意

4 吾妻山山頂には吾妻大権現のりっぱな祠があり、東に足利の山並み、南に秩父連山が一望できる

5 堂所山は、ほとんど展望はない。山頂近くでは3月ごろカタクリが群生する。反射板が設置されている

6 村松峠の分岐。ここまで来ると山頂のにぎわいとはうって変わり、町の喧騒がすっかり遮断される

7 村松沢の登下山口。ここから民家が点在しはじめる。道なりに光明寺を目指そう

8 ここが光明寺の入口で、両側の石柱を目安に直進すると、すぐに吾妻公園駐車場が見えてくる

21

桐生市最奥にある静寂の山

三境山・残馬山

さんきょうさん 1088m
ざんまさん 1108m

日帰り

歩行時間＝4時間20分
歩行距離＝5・2km

技術度 体力度

コース定数＝18
標高差＝258m
累積標高差 768m 768m

三境山、残馬山は桐生市街から見える最奥の山稜の一角にあり、いかにも山紫水明の名にふさわしい深山である。「三境」という名は、3つの地名の境にあることがその名の由来とされる。一方、残馬山は、かつて忍山川の上流にそそり立つ岩山に残馬山神社があり、神社の名がそのまま山名になったとされている。三境山へは桐生市から三境林道に入り、三境トンネルから登るコースが一般的だ。残馬山は三境林道からと座間峠からの道がある。ここでは桐生市側から三境林道を使い、2座を登る登路を紹介する。

手前の樹林から見た三境山

残馬山への岩場をすぎると遠景がよく見えてくる。袈裟丸山、皇海山も望める

登山口は三境トンネル出口の脇にあり、数台の駐車スペースがある。群馬県の保安林看板の下に登山口の小さな標識がある。登山口から沢沿いに登っていくが、水は流れていない。登山口から10メートルほどの場所に小さな水場があり、水はここで補給できる。

沢沿いの道をたどっていくと、壊れかけた小さな道標がある。ジグザグに斜面を上がると、道標と2つの祠がある三境山と残馬山の**稜線分岐**に着く。

まずは三境山へ行く。100メートル

■鉄道・バス
往路・復路＝公共交通機関はなく、マイカー利用が現実的。

■マイカー
桐生市街から県道66号を桐生川に沿って北上し、石鴨集落の先で林道三境線に入る。三境トンネルを抜けてすぐ、右手に登山口と数台の駐車スペースがある。

■登山適期
ヤシオツツジが咲く4月中～下旬、秋の紅葉、落葉を踏みながらの冬の日だまりハイクなどがおすすめ。夏の暑い時期は適さない。

■アドバイス
▽根本山から三境山の縦走コース、高沢川の登山口から座間峠を経て残馬山、三境山を縦走するコースもあるが、いずれも健脚者向き、車の回収ができれば里山縦走コースを楽しめる。
▽道案内の看板は少ない。境界標識やテープがついているのでわかりやすいが、地図とコンパスを活用したい。
▽桐生市内にはいくつか銭湯があるのでレトロなお風呂に入って汗を流すのもよい。

■問合せ先
桐生市役所観光課☎0277・46・1111

■2万5000分ノ1地形図
沢入

ほど行くと直進できないほどの岩場があるので、西に巻道を登る。巻道上が尾根になっているが、地図を確認し、東の高い方へ進み、ピークに着くと今度は北へ方向を変える。峠を越えて進むと岩場が出てくる。この岩は溶結凝灰岩で、同質の球状の塊が大きな岩にめりこんでいる珍しい岩だ。あたりは春にはヤシオツツジが美しい。

岩場を縫うように進むと雑木林に囲まれた**三境山**の三角点と山名板がある。東側に祠があり梅田地区の方を向いている。休憩後、来た道を戻ろう。

分岐から次に残馬山を目指す。三境山トンネルの上を通り、すぐにひとつ目の岩場が現れる。両側に巻道があり、さらに200メートルほど行くと2つ目の岩場だ。直登の道と巻道があるが、安全を期して巻道を行く。岩場を上がるとやせ尾根になる。振り返れば樹間から三境山が見える。春にはヤシオツツジのトンネルになる場所だ。桐生市側はヒノキなどの針葉樹林、みどり市側は照葉樹林で、明るく晴れた日は皇海山、袈裟丸山、男体山まで見える。境界道標の尾根を行くと**残馬山**に着く。北西には座間峠へ急降下する道が続いている。

帰路は往路を**分岐**まで戻り、斜面を下って**登山口**へ。（前野和世）

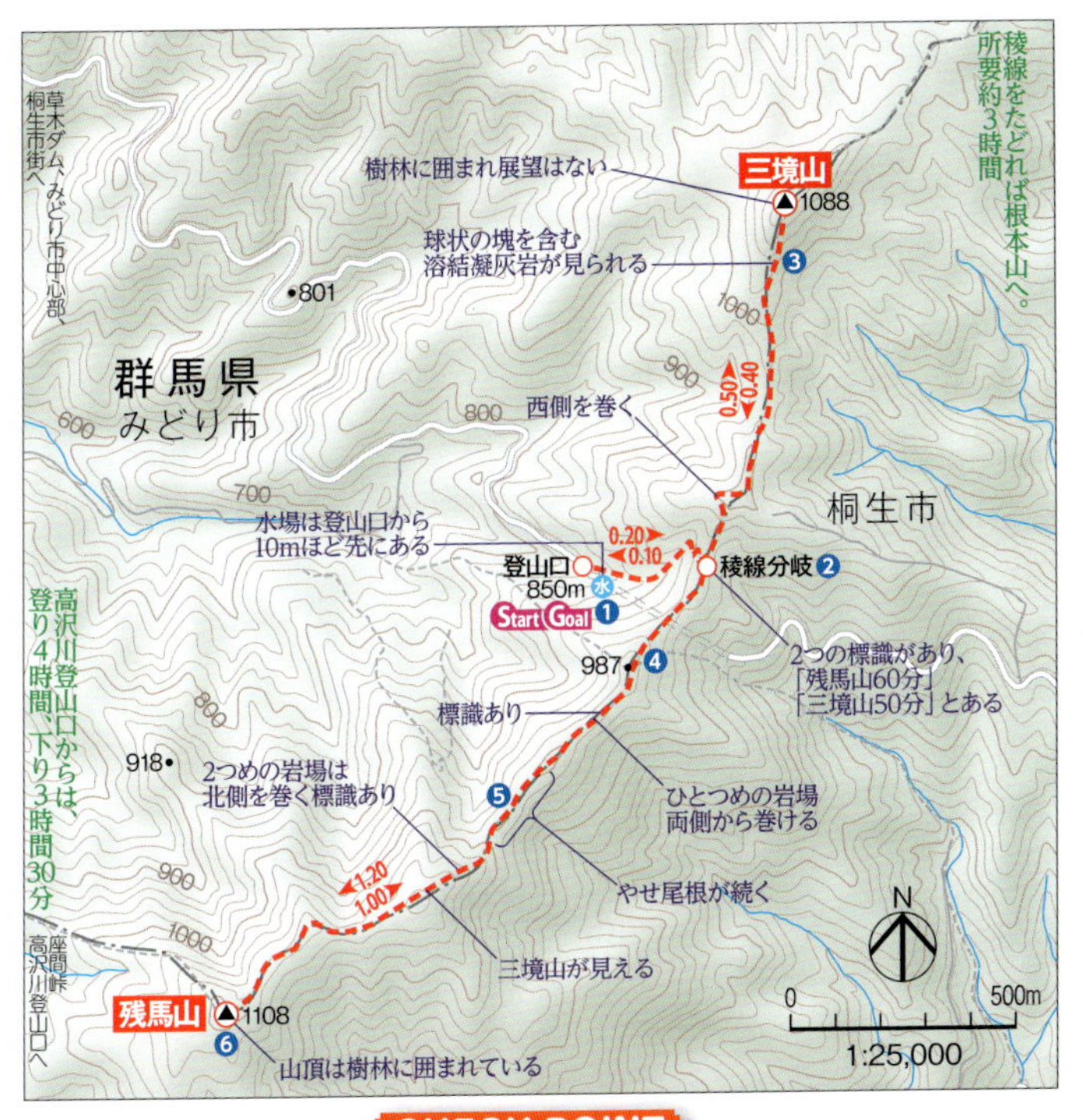

登山口は三境トンネルのすぐ脇で、10メートルほど奥に水場がある

三境山と残馬山の分岐、三境山へは北へ行く

三境山手前に岩場（溶結凝灰岩）があり注意が必要

分岐から残馬山へは岩場が2つあるが、いずれも巻道がついている

春はヤシオツツジを見ながら気持ちよく歩くことができる

残馬山山頂。三境山、残馬山ともに樹林の中に三角点がある

22

紅葉から新緑まで、里山歩きの楽しさを満喫できるコース

八王子丘陵

はちおうじきゅうりょう
294m（茶臼山）

日帰り

歩行時間＝4時間25分
歩行距離＝9・5km

技術度

体力度

コース定数＝19

標高差＝174m

累積標高差 770m 791m

北に渡良瀬川の清流、南に北関東自動車が走る八王子丘陵は、太田市と桐生市を分ける里山で、東西になだらかなピークが連なる稜線は、よく整備されたハイキングコースとなっている。みどり市の荒神山から最高峰の茶臼山を経て唐沢山にいたるコースを紹介する。

東武鉄道桐生線の阿左美駅から徒歩10分ほどで笠懸東小学校があり、その南に**荒神山登山口**がある。登るとまもなく「カタクリ群生地」の案内板があるので開花期には立ち寄りたい。広葉樹林の**荒神山**は野鳥のさえずる楽園だ。緩やかな登山道を行き、**茶臼山分岐**に出る。短い急登で八王子丘陵の最高峰・**茶臼山**に到着する。山頂には石祠とあずまや、複数のアンテナ塔が建つ。赤城山が間近に迫り、その右には双耳峰の袈裟丸山がそびえ、浅間山も雄大だ。

分岐から東へ向かうと**古井戸跡**がある。その先の八王子山は、かつて新田金山城の北の砦だったところだ。古井戸に戻り、少し下ると**庚申塔**と道標がある。右へ行くと太田市の最高峰・根本山だ。南西方向が開け、秩父連峰、上信越の山々、天候に恵まれれば八ヶ岳、富士山も遠望できる。その先、**雷電山分岐**で、道標を右に見ながら左へ行く。急坂を下り、廃道に出て、車止めのフェンスの間を行くと**籾山峠**だ。道路の対面に菅塩峠への道標が立っている。

坂を登って稜線に出ると、八王子山公園への道を分けて**菅塩峠**だ。ひと登りでベンチのあるピークに着く。春はヤマツツジの咲くトンネルを抜けた先に唐沢山分岐があり、左方向へ10分ほど登ると**唐沢山**山頂の石祠が迎えてくれる。

下りは分岐まで戻り直進、鉄塔をくぐると、ほどなく北部運動公園と北金井キャンプ場への道標があるので、北金井キャンプ場方面

桐生市広沢から見た主峰・茶臼山

■鉄道・バス
往路＝東武鉄道桐生線阿左美駅下車。登山口まで徒歩約10分。
復路＝東武鉄道治良門橋駅が最寄り。

■マイカー
北関東自動車道太田藪塚ICを左折、県道315号・68号で、笠懸東小学校を目指す。学校の正門近くに登山口と荒神山駐車場の立て札がある。

■登山適期
真夏を除けばいつでもよい。落葉の時期、新緑とカタクリとヤマツツジの咲くころが特にすばらしい。

■アドバイス
▽以下におすすめのサブコースを紹介する。①雷電山分岐～勝負沼～石切り場～滝の入神社へ。やぶ塚温泉で一浴し、藪塚駅へ。②春の芝桜を鑑賞するコース。北部運動公園分岐から公園を目指す。③桜の名所をゴールにするコース。北金井から道標を参考に菅塩沼へ。

北部運動公園の芝桜

■問合せ先
太田市役所産業観光課☎0276・47・1833、太田市北部運動公園☎0276・37・3434、朝日タクシー桐生営業所☎0277・54・2420

■25000分ノ1地図
桐生

荒神山のカタクリ

ツツジの花に彩られた登山道を行く（唐沢山周辺）

CHECK POINT

荒神山登山口。駐車場北方100㍍

荒神山山頂には、石祠、テーブル、ベンチ、野鳥案内板がある

三体の石祠、あずまやがある茶臼山山頂

庚申塔を直進すると桐生市宝珠院方面へ下る。ここは右へ曲がる

雷電山分岐。右へ下ると勝負沼にいたる。籾山峠へは左だ

籾山峠。車道を横断すると菅塩峠への道標がある

最終ピークの唐沢山山頂。森の中のあずまやでくつろぎのひと時。近くに1等三角点補点がある

北金井キャンプ場の宿泊棟の脇に菅塩沼方向の道標がある。治良門橋駅へは車道を南へ向かう

へ下る。

北金井キャンプ場は池に面して駐車場とカマボコ兵舎型の宿泊棟がある。最寄り駅の治良門橋駅まではここから徒歩40分ほどだ。（小山たま子）

23

金山

戦国の山城のロマンを偲ばせる里山

かなやま
239m

日帰り

歩行時間＝3時間
歩行距離＝8・3km

技術度
体力度

コース定数＝14
標高差＝189m
累積標高差 568m 568m

太田市東金井から金山を見る

金山（新田金山）は、群馬県太田市金山町にある標高239メートルの独立峰である。山頂には新田神社や、日本100名城のひとつである金山城址（国の史跡）がある。コースも多様で、ロングコースからショートコースと、体力や歩行時間に応じて選ぶことができる。麓には「子育て呑龍」として親しまれている大光院（正式名称は義重山新田寺大光院）がある。徳川氏の始祖といわれる新田義重を祀る古刹だ。

大光院駐車場～東山ハイキングコース～西山ハイキングコース～山頂～ぐんまこどもの国～大光院と、ぐるりと回ってみよう。

大光院の門を出て富士重工北工場の脇を通り、焼きまんじゅう屋の信号を左に曲がり、少し歩いていくと**受楽寺**がある。その横から親水公園に向けて歩く（道標が細かくある）。

平和の塔を経由してもよい。親水公園ではベンチやトイレがある。ここから**マーライオンのある噴水**の横を通り御城橋に向かって歩く。車道上の御城橋を渡り、山道を山頂に向けて（車道が並行する）歩く。やや急登だが、石段が出てきたら山頂はもうまもなくだ。

山頂直下に休憩所がある。りっぱに修復された石垣、日の池、月の池も見ごたえがあり必見。関東平野や富士山、スカイツリーが一望できる。ショートコースはここから大光院に下りてもよい。大ケヤキ（樹齢800年以上）の先の石段の上が**金山**山頂（新田義貞公を祀る新田神社がある）だ。

神社の北東の竹林の細い道を行き、根本山の裾を巻くように進むと、**ぐんまこどもの国**の「パノラマチェア」の上部に出る。帰路は「冒険の砦」の脇の階段を右の山側

■鉄道・バス
往路・復路＝東武鉄道伊勢崎線太田駅下車。登山口まで2キロ、徒歩約30分。

■マイカー
北関東自動車道太田桐生ICを降りて車で10分。大光院、親水公園、金龍寺、こどもの国に駐車場がある。

■登山適期
一年を通して（春の桜、新緑、紅葉どれもすばらしい）。

■アドバイス
▽金山の麓に「史跡金山城址ガイダンス施設」が建てられている。
▽大光院の境内では関東山野草展4月28日～5月5日、太田市民さつき際5月末～10日間、関東菊花大会10月25日～11月25日、上州七福神めぐり。1月第2日曜。

■問合せ先
太田市役所商業観光課☎0276・47・1833、金山ガイダンス施設☎0276・25・1067

■2万5000分ノ1地図
上野境・足利南部

樹齢800年のみごとな大ケヤキ

金山山頂にある新田神社

へ進んで行くと金網フェンスがあり、「冒険の砦頂上」の案内にしたがい、フェンスに沿って歩くと展望台方面の道標がある。ここで、フェンスのレバーを開けて再び急登を行くとモータープールに着く。道標にしたがって下りると、あずまやがあり、**金龍寺**経由で**大光院**に戻る。

（中里たゑ子）

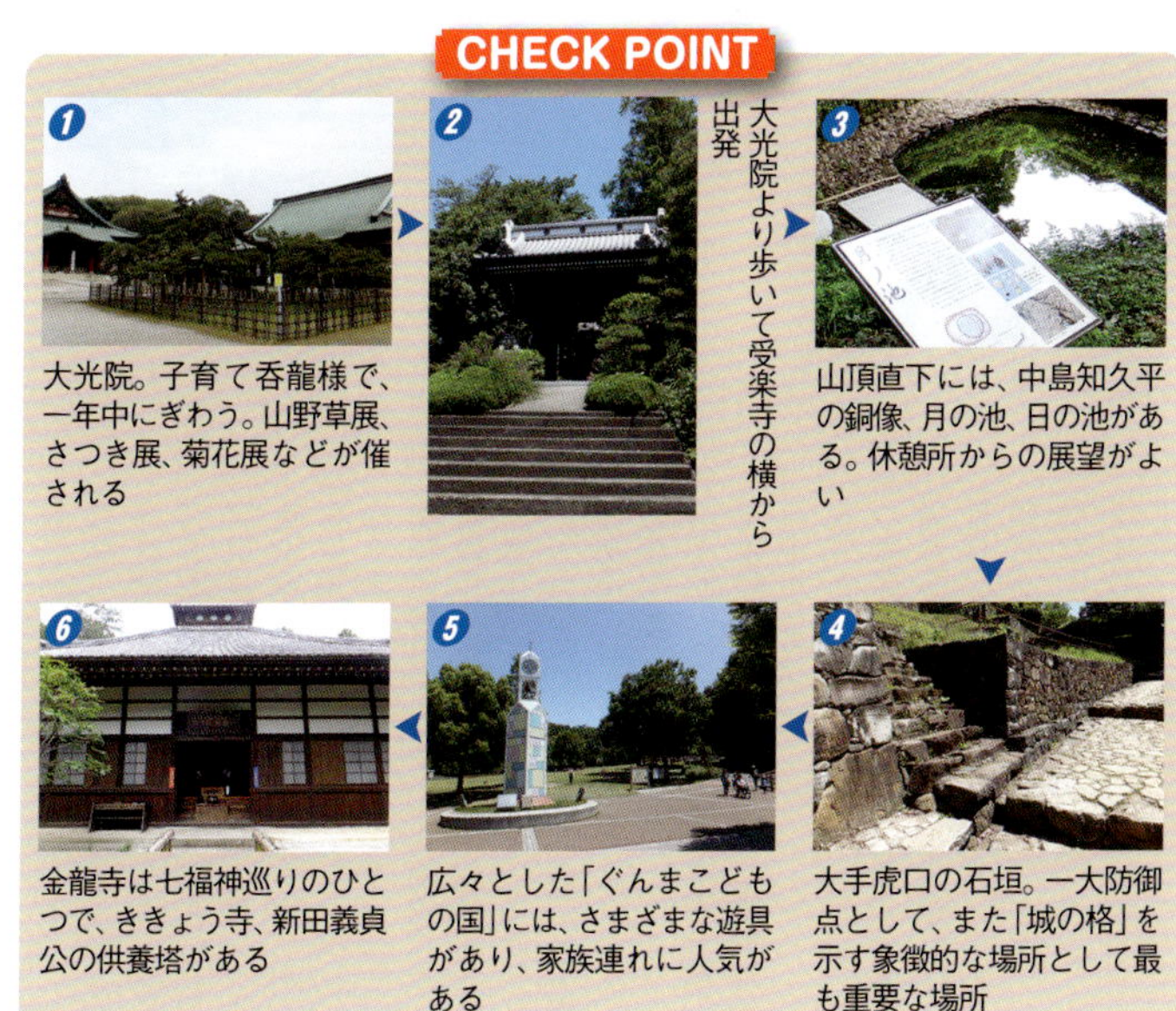

大光院。子育て呑龍様で、一年中にぎわう。山野草展、さつき展、菊花展などが催される

大光院より歩いて受楽寺の横から出発

山頂直下には、中島知久平の銅像、月の池、日の池がある。休憩所からの展望がよい

大手虎口の石垣。一大防御点として、また「城の格」を示す象徴的な場所として最も重要な場所

広々とした「ぐんまこどもの国」には、さまざまな遊具があり、家族連れに人気がある

金龍寺は七福神巡りのひとつで、ききょう寺、新田義貞公の供養塔がある

24

赤城山の最高峰、気軽に登れる花と展望のミニ縦走コース

黒檜山

くろびさん
1828m

日帰り

歩行時間＝4時間
歩行距離＝5・3㎞

技術度
体力度

コース定数＝**15**
標高差＝481m
累積標高差 631m 631m

群馬県を代表する赤城山はカルデラ湖を伴うカルデラをもつ、関東地方有数の複成火山である。榛名山、妙義山と並んで、上毛三山のひとつに数えられる赤城山は、複数の山頂の総称であり、最高峰の黒檜山をはじめとし、駒ヶ岳、長七郎山、荒山、地蔵岳、鍋割山、鈴ヶ岳など、1300メートルから1800メートル級のピークを連ねている。関東平野の北端に位置し、大きな裾野を広げるその穏やかな山容はたいへん美しい。

地蔵岳山頂から見る黒檜山と大沼の大展望

前橋市郊外から見た端正な姿の赤城山。右端が黒檜山

おのこ駐車場をあとに大沼湖岸に沿って北へ進む。右に赤城稲荷大神の赤い鳥居を見て、小鳥ヶ島、赤城神社を左に見ると、まもなく湖岸道路の分岐になり、その右側が**黒檜山登山口**だ。

岩の間を縫って、いきなりの急登を30分ほど登ると**猫岩**に出る。展望を楽しみたいところだが、その先は崖になり、切れているので注意したい。岩混じりの樹林帯を急登し、ほどなく岩が少なくなり傾斜が緩くなると、道標がある**黒檜山・駒ヶ岳分岐**に登り着く。左に折れ、平坦な道を進むと**黒檜山山頂**だ。一部展望はあるが、ここは少し先の**天空の広場**まで行こう。眼前に上州武尊山、谷川連山、燧ヶ岳、日光白根山、至仏山、浅間山の展望が広がる。天気

■**鉄道・バス**
往路・復路＝JR両毛線前橋駅から関越交通の赤城山ビジターセンター行き直通バス（土・日曜、祝日運行。平日は富士見温泉で赤城山ビジターセンター行きに乗り換え）で、あかぎ広場前バス停下車。

■**マイカー**
関越自動車道前橋ICから国道17号、県道4号赤城線から赤城湖畔を進み県道70号、県道251号沼田赤城線に入るとすぐ左手に、おのこ駐車場がある。

■**登山適期**
厳冬期の1～3月を除き四季を通してよい。5～6月の新緑。紅葉は10月中旬ごろ。

■**アドバイス**
▽家族連れでも楽しめるが、一部岩場があるので、小さな子供連れは注意したい。

■**問い合せ**
関越交通前橋営業所☎027・210・5566、赤城公園ビジターセンター（月、年末年始休、不定休あり）☎027・287・8402、赤城山総合観光案内所（4月中旬～11月中旬、9～16時）☎027・287・8061

■**2万5000分の1地形図**
赤城山

のよい日は富士山や秩父連山も見わたせる。

　ゆっくり休憩をとったら先へ進もう。山頂をあとに駒ヶ岳の縦走路へ向かう。**黒檜山・駒ヶ岳分岐**をすぎるとすぐ御黒檜大神の鳥居と石碑、石の祠がある。ここからは大沼、小沼、地蔵岳、長七郎山、これから登る駒ヶ岳などが見わたせ気持ちがよい。花見ヶ原キャンプ場への道を左に分けるとササの中の急下降の階段だが、整備され展望もよいので、あまり苦にならない。ほどなく鞍部の大ダルミに出る。緩やかな道をほんのひと登りで**駒ヶ岳**山頂だ。

　南へさらに縦走を続けよう。一部崩壊地もあるが、ササの中の穏やかな稜線の道が続く。ベンチのある小広場の**下降地点**を右折すると、急勾配に鉄製の階段かけられている。階段を経て、ジグザグの道を下れば大沼湖畔の車道に出る。右へ進むと出発点のあかぎ広場前バス停、**おのこ駐車場**に着く。

　時間があったら一周40分の覚満淵へ立ち寄ろう。

（橋本紀美子）


展望のない岩の間を縫って急坂を登っていくと、アンテナ塔の建つ地蔵岳や大沼の展望が開ける

CHECK POINT

1 左に啄木橋や赤城神社を見て20分で、湖岸道路の分岐にある黒檜山登山口に着く

2 展望を楽しんだら、ミズナラやダケカンバが目立つササの中の岩の急登が待っている。ゆっくり登ろう

3 展望がよければ、富士山が見える。小休憩にはよい場所だ

4 岩からササの登山道になって傾斜が緩くなると分岐になり、左へ進むと裸地の小広場の黒檜山山頂だ

5 山頂の先に展望が開けるビューポイントがある。ぜひ立ち寄り山座同定を楽しみたい

6 赤い塗装が剥げつつある鳥居。ここからの展望もよく、気持ちのよい場所である

7 大ダルミから穏やかな傾斜の道を進み、木の階段を登りきると駒ヶ岳山頂だ

8 小広場から右の斜面に入り急な鉄製階段をすぎる。左右にヤマツツジを見ながら下ると駒ヶ岳登山口に出る

＊コース図は72〜73ページを参照。

渋川市
沼田市
群馬県
前橋市
鈴ヶ岳
1565
黒檜山
1828
駒ヶ岳
1685
地蔵岳
1674
見晴山
1458
鍬柄山
大ダオ
新坂平
鈴ヶ岳登山口
1413m
赤城山総合観光案内所
展望台下分岐
第二スキー場
大沼
小沼
黒檜山登山口
1362
猫岩
黒檜山・駒ヶ岳分岐
天空の広場
花見ヶ原分岐
大ダルミ
下降地点
おのこ駐車場
1347m
赤城公園ビジターセンター
1365m
少年の家分岐
新坂平分岐
八丁峠
北山
小沼平
小沼平分岐
小地蔵
1574
鳥居峠
一周40分
覚満淵
北回り登山口
南回り登山口
展望の丘
1002
石碑
出張山
1475
鍬柄峠
姥子山
姥子大岩
姥子峠
1487
白樺牧場
赤城神社
小鳥ヶ島
啄木橋
赤城稲荷大神
赤城少年の家
第一スキー場
駒ヶ岳登山口
あかぎ広場前バス停
赤城山ビジターセンターバス停
新坂平バス停
赤城山無線中継所
地獄谷
血ノ池
水門がある
沼尻
富士山が見える
岩がゴロゴロして歩きにくい
小沼方面の展望広がる
木の階段要注意
急な鉄階段
展望が広がる気持ちよいササ原
「御黒檜大神」の石碑と鳥居と祠がある
360度の展望。赤城外輪山がよく見える
やせ尾根
展望のよいガレ場
レンゲツツジの大群落
レンゲツツジ
「鈴ヶ岳県自然環境保全地域」の標識がある
岩が露出した急坂
シロヤシオ、ミツバツツジ
石のガレ道
シラカバ純林地帯
句碑めぐり歩道
東側が切れ落ちた崩壊地
シロヤシオツツジ
沼田ICへ
旧赤城キャンプ場へ

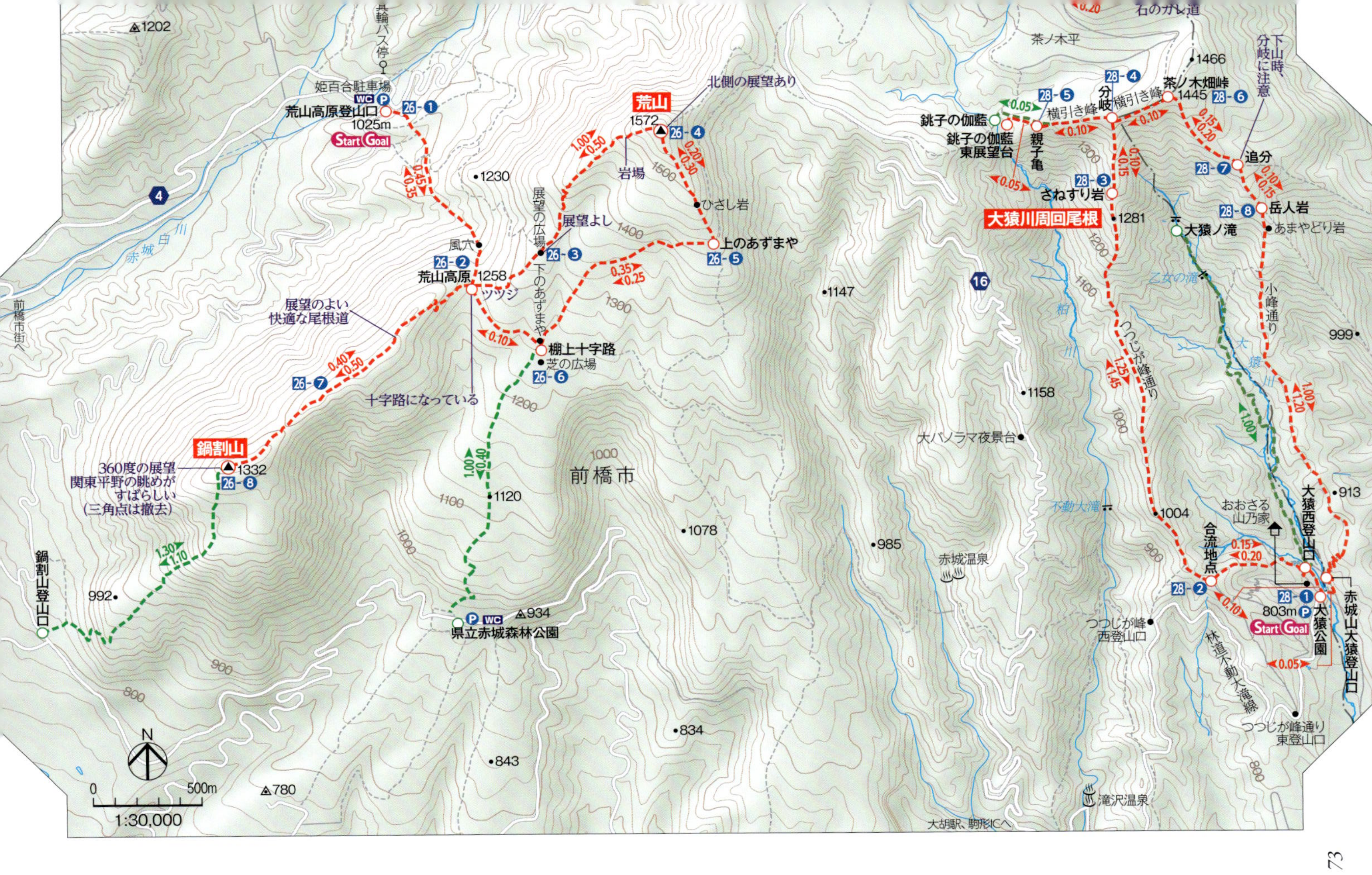

荒山
北側の展望あり
1572
岩場
ひさし岩
上のあずまや
荒山高原登山口
1025m
Start Goal
姫百合駐車場
長輪バス停
1202
1230
風穴
荒山高原
1258
ツツジ
展望の広場
展望よし
下のあずまや
櫛上十字路
芝の広場
十字路になっている
展望のよい快適な尾根道
鍋割山
1332
360度の展望 関東平野の眺めがすばらしい（三角点は撤去）
鍋割山登山口
992
1120
県立赤城森林公園
934
前橋市
前橋市街へ
赤城白川
1078
834
843
780
1:30,000
0
500m
N
1147
1158
985
大パノラマ夜景台
赤城温泉
不動大滝
滝沢温泉
大胡駅、駒形ICへ
茶ノ木平
石のガレ道
1466
茶ノ木畑峠
1445
分岐
横引き峰
銚子の伽藍
銚子の伽藍東展望台
親子亀
さねすり岩
1281
大猿川周回尾根
追分
下山時、分岐に注意
岳人岩
あまやどり岩
大猿ノ滝
乙女の滝
小峰通り
つつじが峰通り
1004
合流地点
おおさる山乃家
大猿西登山口
赤城山大猿登山口
803m
大猿公園
つつじが峰西登山口
林道不動大滝線
つつじが峰通り東登山口
999
913

25

天然林が美しい、赤城外輪山を一望する山

鈴ヶ岳

すずがたけ
1565m

日帰り

歩行時間＝3時間10分
歩行距離＝4・8km

技術度
体力度

コース定数＝13
標高差＝152m
累積標高差 589m 589m

鈴ヶ岳は赤城火山が生んだ寄生火山で、赤城山域の西の端にそびえている。大沼を囲む外輪山から少し離れているため、訪れる人も少なく、静かな登山が楽しめる。周辺は「鈴ヶ岳県自然環境保全地域（特別地区）」に指定され、登山道はアカマツ、ミズナラ、ダケカンバなどの美しい天然林の中を通る。山容は優しい釣鐘形で、渋川、沼田方面からよく望むことができる。

赤城キャンプ場先の展望の丘から仰ぐ鈴ヶ岳

登山口のある新坂平は、6月になると白樺牧場とその周辺がレンゲツツジの大群落で朱色に染まりみごとな景観となる。牧場の南西に「**鈴ヶ岳登山口**」という道標があり、ここから歩きはじめる。

ササの生い茂る細い登山道を牧場の有刺鉄線の柵に沿って10分も登れば尾根に出て、まもなく姥子峠に着く。途中登山道が急登と巻道の2つに分かれるところが数箇所あるが、合流するので心配はない。やがて小さいピークの姥子山の脇を通り鍬柄峠に着く。この先は西側の展望が開け、ススキ越しに子持山方面が遠望できる。

ヤマツツジを見ながら少し進むと視界が明るく開けた岩場に出る。白樺牧場や外輪山の展望を楽しみながらさらに登ると**鍬柄山**に出る。標高は鈴ヶ岳とほぼ同じで本コース随一の展望が楽しめる場所だ。大沼をぐるりと囲む黒檜山、駒ヶ岳、地蔵岳などの外輪山、そして榛名山、妙義山、浅間山、八ヶ岳、振り返れば、武尊山、尾瀬の至仏山、燧ヶ岳などの眺望に疲れも吹き飛ぶだろう。

ここから下りになるが、直下はガレたやせ尾根なので、すべらないように注意しよう。まもなく前方樹間に鈴ヶ岳の山容が大きく見

■鉄道・バス
往路・復路＝JR両毛線前橋駅から関越交通赤城山ビジターセンター行き直通バス（土・日曜、祝日運行。平日は富士見温泉で赤城山ビジターセンター行きに乗り換え）で、新坂平バス停下車。

■マイカー
県道4号前橋赤城線で新坂平に向かい、「カーブ68」標識の反対側に駐車場がある。その先にも大駐車場がある。渋川市旧赤城キャンプ場から登るコースは南回りと北回りがあり、キャンプ場の1キロほど先が南回りの登山口。案内板の前に2～3台駐車可。

旧赤城キャンプ場先の案内板

■登山適期
初夏に各種のツツジが咲くころ。白樺牧場のレンゲツツジは圧巻。秋の紅葉、落葉を踏みながらの日だまりハイクもよい。

■アドバイス
▽白樺牧場の隣に赤城山総合観光案内所がある。
▽赤城山では8月第1土曜に夏祭りが行われる。
▽富士見温泉見晴らしの湯ふれあい

↑本コースいちばんの展望が楽しめる鍬柄山。大沼と赤城外輪山、榛名山、浅間山、そして富士山も見える

白樺牧場のレンゲツツジと見晴山→

CHECK POINT

1 新坂平の白樺牧場の南西にある「鈴ヶ岳登山口」の道標。ここからササが茂った細い登山道を進む

2 牧場の有刺鉄線の柵に沿って進む。なだらかな登りでヤマツツジとシラカバが美しく登山者を楽しませる

3 鍬柄山手前の展望のよい登山道で子持山方面を眺望する。エゾハルゼミの合唱も心地よい

4 鍬柄山直下の細いやせ尾根。両側が落ちている危険箇所。本コース最大の難所、慎重に渡ろう

5 旧赤城キャンプ場からの周回コースと交差する。「自然環境保全地域」の標識がある

6 頂上直下には大きな岩場が数箇所ある。ロープに助けられて慎重によじ登る

えてくる。急坂を下っていくと、やがて旧赤城キャンプ場からの登山道と合流する鞍部の**大ダオ**に出る。今まで登った分を下ってしまうが、ひと息ついて気持ちも新たに最後の急坂を登る。登山道は途中から大きな火成岩の岩場が続くが、ロープに助けられながら慎重に乗り越えよう。やがて登山道脇に石碑がいくつか見えてくるとまもなく3等三角点のある**鈴ヶ岳**山頂に立つ。山頂には鈴嶽山神社、赤城山大神、愛宕山大神の3つの大きな石碑が祀られていて、信仰登山の往時を彷彿とさせる。

帰路は往路を戻る。（齋藤廣子）

館（☎027・230・5555）は21時（月～水は20時）まで営業（木曜休）。

■問合せ先

赤城公園ビジターセンター☎027・287・8402、渋川市役所観光課☎0279・22・2111、関越交通前橋営業所☎027・210・5566

■2万5000分の1地形図

赤城山

＊コース図は72～73ページを参照。

26

赤城南端にあるツツジと展望の山

荒山・鍋割山

あらやま 1572m
なべわりやま 1332m

日帰り

歩行時間＝4時間45分
歩行距離＝9・0km

技術度 ●○○○○
体力度 ●●○○○

コース定数＝20
標高差＝547m
累積標高差 ↗847m ↘847m

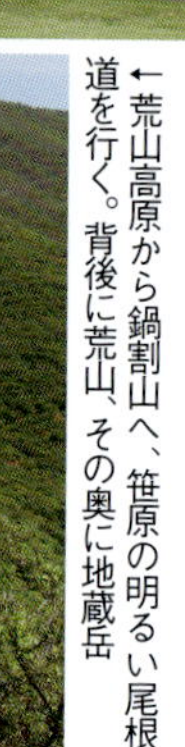

←道の駅「ぐりーんふらわー牧場」から鍋割山（左）と荒山（右）を見る

←荒山高原から鍋割山へ、笹原の明るい尾根道を行く。背後に荒山、その奥に地蔵岳

赤城山（あかぎやま）の最南端に位置し、遠くから見てもひと目でそれとわかる特徴的な山容の荒山・鍋割山は、関東平野とその周囲の山々の展望がすばらしく、老若男女問わず登られている山である。春のツツジに彩られる時期、秋の紅葉のころにぜひ、訪れたい。

県道4号（前橋赤城線）を北上し、箕輪（みのわ）バス停の先、姫百合橋（ひめゆりばし）を渡ると右側にトイレのある大きな駐車場がある。駐車場の脇に「荒山高原入口」と書かれた道標があり、ここが**荒山高原登山口**だ。

道標にしたがい、よく整備された樹林帯の緩やかな道を行く。途中、展望の広場へのルートを左に見送る。やがて石のゴロゴロした急登になり「風穴」とよばれる場所をすぎると**荒山高原**に出る。視界の広がる荒山高原は十字路になっていて、シーズンにはツツジ類が華やかに迎えてくれる。

荒山へは案内板の横から左に行く。勾配が緩やかになると展望の広場に出る。広場の少し上からは東面や、振り返って見れば鍋割山の稜線と荒山高原が一望できる。ツツジの群落をすぎ、ロープがつけられた急な岩場を越えると祠が祀られ3等三角点のある**荒山**に着く。

北側が切り開かれ、電波塔が林立する地蔵岳（じぞうだけ）が目の前に見える。山頂からは「ひさし岩・南尾根」の道標にしたがい、大きな岩の中の道を下ると**上のあずまや**に着く。「関東ふれあいの道」と合流するが、右折して荒山高原方面に進む。緩やかな下りの道は、やがてあずまやがある**棚上十字路**（たなうえじゅうじろ）に着く。小屋の下の公園のような芝の広場でツツジ類を愛で、ひと息入れたら道標にしたがい右に行き、荒山高原に戻ろう。

荒山高原からは荒山と反対側の鍋割山に向かう。小さなアップダウンを繰り返し、上越・上信国境の山々の展望がよい快適な尾根道を行くと**鍋割山**に着く。

足もとに広がる関東平野と周りの山々の展望を楽しんだら往路を**荒山高原**まで戻り、左折して**登山口**に戻る。

（木村美枝子）

■鉄道・バス
往路・復路＝JR両毛線前橋駅から

芝の広場から荒山高原への道はみごとなツツジのトンネルが続く

CHECK POINT

1 姫百合駐車場脇に「荒山高原登山口」の大きな看板がある

2 5月には次々とツツジ類が咲く広々とした荒山高原

3 展望の広場少し上から望む荒山高原と鍋割山方面

4 大きな祠がある荒山山頂、北側の展望がある

5 上のあずまや。ひと休みするのにちょうどよい

6 芝の広場から荒山方面を望む。木陰もあり休憩に最適

7 鍋割山に向かう尾根から振り返る荒山（右）と地蔵岳（左奥）

8 関東平野が一望できる広い鍋割山山頂

関越交通の赤城山ビジターセンター行き直通バス（土・日曜、祝日運行。平日は富士見温泉で赤城山ビジターセンター行きに乗り換え）で、箕輪バス停下車。

■マイカー
関越自動車道赤城ICから国道353号を経由、県道4号を北上し、姫百合駐車場へ。

■登山適期
厳冬期を除けばいつでもよい。5月上旬～6月中旬のツツジ類が咲く時期、10月からの紅葉、初冬の展望もみごと。

■アドバイス
▽赤城森林公園登山口から芝の広場までは、1時間の整備された緩やかな道。登山口には、大きな駐車場とトイレがある。
▽鍋割山登山口（路肩に駐車）からは一直線の急登で、1時間30分で鍋割山にいたる。
▽5月上旬からアカヤシオ、ヤマツツジ、ミツバツツジ、シロヤシオ、ズミ、ドウダンツツジが次々と咲く。運がよければクサタチバナに出会える。

■問合せ先
前橋市役所富士見支所☎027・288・2211、関越交通前橋営業所☎027・210・5566

■2万5000分の1地形図
赤城山

＊コース図は72～73ジペーを参照。

27

ファミリーにも親しまれ赤城の大展望が楽しめる山

長七郎山・地蔵岳

ちょうしちろうさん 1579m
じぞうだけ 1674m

日帰り

歩行時間＝5時間
歩行距離＝8.0km

技術度
体力度

コース定数＝17

標高差＝309m

累積標高差 ↗520m ↘520m

地蔵岳の木道階段から、満開のツツジを前景に長七郎山と小沼を望む

長七郎山から小沼に下り、八丁峠へ。正面に地蔵岳を望む

赤城連山第3の高峰である地蔵岳は1等三角点があり、広い高台には、電波塔が建っていて、遠くからもすぐにわかる。その南に位置する長七山郎は、火山湖の小沼を懐にして眺めがよい。

赤城公園ビジターセンターの東にある覚満淵から歩き出し鳥居峠を目指す。**鳥居峠**の「小沼・長七郎登山口」から木道階段を上がりしばらく行くと、**小沼平分岐**だ。黒檜山や大沼、地蔵岳の眺めがよい。穏やかに登りつめると、**長七郎山**山頂に着く。山頂からは地蔵岳が間近に見え、時間によって青からグリーンに変化する小沼が神秘的だ。

下山は石のガレ場を下る。慎重に歩を進めよう。道標「小沼方面へ」にしたがって右側の山道を下ると、広い**沼尻**に出る。小沼湖遊歩道のどちらを回っても行けるが、小沼の淵を右へ行く。**小沼平**から車道を少し歩いて八丁峠に着く。峠の地蔵岳登山口からよく整備された木道階段を登る。途中振り返ると、小沼と長七郎山がよく見える。**地蔵岳**山頂からは広大な眺望が楽しめる。

下山は「新坂平下山口」の道標にしたがって下る。すぐにガレ場があるのでゆっくり安全に下る。その後はミズナラやダケカンバなどが美しい尾根道を下り、**新坂平への分岐**を右折。**展望台下の分岐**を経て句碑の道を進むと車道に出合う。車道沿いの歩道を歩いて、起点の**赤城公園ビジターセンター**に戻る。

（井上節子）

■鉄道・バス
往路・復路＝JR両毛線前橋駅から関越交通の赤城山ビジターセンター行き直通バス（土・日曜、祝日運行。平日は富士見温泉で赤城ビジターセンター行きに乗り換え）を利用。

■マイカー
関越自動車道赤城ICから国道353号を経由し、県道4号を行き、県立赤城公園ビジターセンターの駐車場へ。

■登山適期

黒檜山への登路から見た大沼と地蔵岳と小地蔵（左）。写真中央は赤城神社

CHECK POINT

1 ビジターセンター東にある覚満淵。木道が整備されており、植物の宝庫

2 鳥居峠の登山口。関東ふれあいの道、木道階段の静かな登山道

3 小沼平分岐。黒檜山や大沼、地蔵岳がよく見える

4 長七郎山山頂。地蔵岳が間近に見える。荒山を見ながら小沼に下りる

5 小沼湖畔。地蔵岳を見ながら、車道から左折し八丁峠を目指す

6 整備された木道階段を登って行くと、1等三角点と、アンテナが林立している地蔵岳山頂

7 新坂平下山口から下る。急坂とガレ場があり、足もとに注意したい

8 句碑の道。地元の俳人の句碑が建立されており、楽しみながら歩ける

厳冬期を避ければいつでも登れる山だが、新緑やツツジ類の花が美しい5月下旬ごろが特によい。7～8月、覚満淵周辺は植物の宝庫となる。10月ごろの紅葉もすばらしい。

■アドバイス

▽覚満淵は「小さな尾瀬」ともよばれる湿原で、一周すると30分ほど。

▽紹介コースのほかに地蔵岳から赤城公園駐車場に下るコースがあるが、浮石もあり急坂のため、あまりおすすめできない。

▽地蔵岳から新坂平に下るコースは赤城山総合観光案内所から見晴山を経て大沼に下る。穏やかに楽しめる。

▽句碑めぐり歩道はシラカバとササ原の明るい森で、地元ゆかりの俳人の句碑が建立されている。

▽県立赤城公園ビジターセンターでは赤城山の形成過程や動植物、歴史上の人々のかかわり方などが紹介されている。食堂や無料休憩所も併設。開館9～15時45分、月曜日休館。

■問合せ先

赤城山総合観光案内所☎027・287・8061、関越交通前橋営業所☎027・210・5566、赤城公園ビジターセンター☎027・287・8402、富士見温泉見晴の湯ふれあい館☎027・230・5555

■2万5000分の1地形図

赤城山

＊コース図は72～73㌻を参照。

28

赤城の秘境、銚子の伽藍をめぐる周回尾根

大猿川周回尾根

おおさるがわしゅうかいおね
1445m（茶の木畑峠）

日帰り

歩行時間＝4時間40分
歩行距離＝7・5km

技術度
体力度

コース定数＝20	
標高差＝642m	
累積標高差	↗911m ↘911m

大猿川周回尾根は不動大滝の東側にあり大猿川を囲む、つつじが峰、横引き峰、小峰の総称である。周回コースなのでどちら回りでも楽しめるが、西側のつつじが峰から案内しよう。

大猿公園の駐車場を出発。澳比古神社の赤鳥居の左の舗装道路を上り、右手におおさる山乃家を見送り、さらに林道を進むと右にあずまや、左手に**西登山口**の道標がある。ここから丸太の階段を登り20分ほどで林道不動大滝線からの尾根道と合流する。**合流地点**には石碑があり、ここからつつじが峰通りの尾根歩きがはじまる。

早春にはヤマツツジが咲き新緑とのコントラストがすばらしい。さらに北上し不動大滝の滝音が聞こえはじめたころに西側の展望が開けてくる。途中崩壊箇所があるので注意しよう。このあたりからアカヤシオ、トウゴクミツバツツジ、ヤマツツジ、シロヤシオの群生の中を歩く。尾根はしだいにやせ、急登の連続の中、蜀山人の歌碑が見えたら、**さねすり岩**だ。歌碑の右側を通り抜けると15分ほどで**横引き峰分岐**に達する。分岐を左折し西に進むとまもなく道標があるが直進する。自然石の**親子亀**をすぎると、やせ尾根の先端、**銚子の伽藍東展望台**に出る。足元が切れ落ちて危険だ。このあたりはまさにツツジの楽園である。北にパラボラアンテナのある地蔵岳が見える。その右手前には、オトギの森と長七郎山が間近だ。

横引き尾根の分岐に戻り緩やかな尾根を東に進む。**茶ノ木畑峠**は笹原の平坦地でやぶの中を右下、小峰通りに下りる。ササが茂ってわかりづらいので注意が必要だ。**追分**から**岳人岩**、あまやどり岩を通り尾根筋を下る。小峰通りはいくつかの分岐があるが、西側のつつじが峰を見ながら歩く。丸太の階段になったら西側に下る。つづら折りとなり、ぐんぐん高度を下げると眼下に大猿公園が近くなり、やがて**赤城山大猿登山口**に下り着く。**駐車場**はもうすぐだ。

（藤倉邦江）

小沼から流れる岩壁を削ってできた銚子の伽藍

つつじが峰通り

■**鉄道・バス**
往路・復路＝登山口までの公共交通機関はなく、マイカー利用が現実的。

■**マイカー**
関越自動車道赤城ICから国道353号を東に進み中之沢まで来ると、右側に「おおさる山乃家」の看板があるので左折し北上。鳥居が見えてくると大猿公園の駐車場に着く。

■**登山適期**

小峰通り。ツツジのトンネルの中を歩く

↑銚子の伽藍を上部から見るとゴルジュの中に水が流れ落ちている。落下防止柵がないので、のぞきこむのは危険

CHECK POINT

1 大猿公園駐車場。澳比古神社の赤鳥居が目印

2 合流地点。石碑があり、つつじが峰通りと合流する

3 蜀山人の歌碑があるさねすり岩

4 横引き峰分岐はランチタイムに最適な場所

5 親子亀からは、北方向に地蔵岳と長七郎山が見える

6 茶ノ木畑峠。北に向かうとおとぎの森、長七郎山方面へ向かう

7 追分の分岐。赤城山大猿登山口まで2.9キロ

8 岳人岩。このあたりもツツジのトンネルになる

4月中旬のアカヤシオから5月にかけてヤマツツジ、トウゴクミツバツツジ、シロヤシオが楽しめる。紅葉の見ごろは10月～11月下旬。冬は適さない。

■アドバイス

▽大猿公園はキャンプ場になっている（トイレ・水の利用可）。

▽横引き峰分岐を左折してクマザサに覆われた道を沢に下ると銚子の伽藍に着く。雑草と崩落が進む広場は30分ほどでひと回りできるが、登山道は荒れている。銚子の伽藍は小沼を源とし、赤城火山の外輪山の岩間を流れ落ちる神秘の峡谷だ。

▽付近の滝めぐり

[乙女の滝] おおさる山乃家より40分。おおさる山乃家の東側の林道を北へ約20分進み、沢を徒渉してロープ沿いの人工林を上がる。ハシゴが見えたら乙女の滝がある。

[大猿の滝] 乙女の滝から20分。乙女の滝東側のハシゴを上ると、まもなく沢が右手から合わさる。徒渉して左の沢に。薄い踏跡を頼りに上流へ進むと大猿の滝に出合う。

■問合せ先

前橋観光コンベンション協会☎027・235・2211、前橋市林間研修施設おおさる山乃家☎027・285・6151

■2万5000分ノ1地形図

赤城山

＊コース図は72～73ページを参照。

29

嵩山

吾妻八景いちばんの景観。霊山と山城で知られる独立峰

たけやま
789m

日帰り

歩行時間＝2時間30分
歩行距離＝2・6km

技術度 2/5
体力度 1/5

コース定数＝9

標高差＝246m

累積標高差 ↗329m ↘329m

古代から祖先の霊魂を祀る山を「たけやま」とよび、神聖な霊山として信仰を集めてきた。嵩山は独立峰で、東南面は切り立った岩肌、西北面は見わたす限りみごとな樹海が広がり、白根山、四阿山、浅間山を一望のもとにできる。

また、天狗の住む山ともいわれ、東の峰を大天狗、中の峰を中天狗、西の峰を小天狗とよんでいる。初夏には新緑に包まれ、岩肌にはツツジが咲き、山の中腹にワイヤーが張られ、約100匹の鯉のぼりが大空を泳ぐ。

戦国時代に嵩山城は上杉謙信が沼田城を攻略するために重要視した岩櫃城の出城で、岩櫃城が武田信玄方の真田幸隆（幸村の祖父）に攻められて落城。岩櫃城主の子、城虎丸が嵩山城に立てこもったが、激戦の末に自決し落城した。江戸時代に悲惨な最期を遂げた犠牲者を供養するために坂東、西国、

←吾妻川対岸から望む嵩山

←百匹の鯉のぼりが大空を泳ぐ

■鉄道・バス
往路・復路＝JR吾妻線中之条駅下車後、タクシーを利用（浅白観光自動車☎0279・75・2321）。

■マイカー
関越自動車道渋川伊香保ICを国道17号に下りる。国道353号で中之条町へ。主要地方道中之条湯河原線を通って「道の駅霊山たけやま」の駐車場へ。

■登山適期
雨期、降雪期を除けばいつでもよい。新緑と紅葉の時期は特にすばらしい。

■アドバイス
▽上級者は嵩山三十三観音をたどるとよい。クサリを頼りに抜ける胎内くぐりや、絶壁をクサリで登る弥勒穴、ほとんど訪れる人のいない西登山道の三十三番などが楽しめる。ただし一部は落石の危険から通行禁止になっているので立ち入らないこと。

▽樹齢700年を超える大ケヤキのある親都（ちかと）神社。5月5日には、親都神社の祭りとともに嵩山ま

スギやケヤキの大木に囲まれた親都神社

嵩山の山頂から望む浅間山

秩父の百番観音を建立し、実城の平に経塚をつくって供養した。

道の駅「霊山たけやま」西側の表登山道入口を入ってまもなく一番観音がある。このあと山中のいたるところの岩陰に石仏（観音像）が安置されている（三十三番まで）。稜線に向かって急坂を登ると、展望台を経て**天狗の広場**に出る。あずまやの西側から**小天狗**へ向かい、不動岩や上信越の山々の展望を堪能して**天狗の広場**に戻る。稜線を東に進み、中天狗から実城の平に出て**経塚**へいたる。右が東登山道、中央が大天狗、左が五郎岩への分岐である。

中央のクサリ場を登ると**嵩山**（大天狗）で360度の展望が開ける。**経塚**に戻り**五郎岩**まで往復する。

下山は**経塚**から右に往路を分けて東登山道を下ると、**道の駅「霊山たけやま」**へ出る。（荒井 光）

つりが行われる。

■問合せ先 中之条町観光協会☎0279・75・8814、道の駅「霊山たけやま」☎0279・75・7280
■25000分ノ1地形図 中之条

CHECK POINT

1 親都神社北側、道の駅「霊山たけやま」の西側に大きな鳥居のある表（西）登山口がある

2 平成18年に百体観音像と平成大修復の碑が建立された

3 不動岩はクサリを頼りに登るので、足場にはくれぐれも注意、登りきると不動明王が鎮座している

4 実城の平の本丸跡に西国・秩父観音71体（観音70体、阿弥陀如来1体）がコの字型に安置されている

5 嵩山（大天狗）へは長いクサリが設置されている。大岩をクサリでよじ登って大天狗の頂上へ

6 岩尾根の長いクサリ場を登ると360度の大展望の嵩山（大天狗）山頂。北側には五郎岩や烏帽子岩が見える

30

歴史、展望、緊張と感動の岩山

岩櫃山

いわびつやま
803m

日帰り
歩行時間＝3時間15分
歩行距離＝7・2km

技術度
体力度

コース定数＝13
標高差＝388m
累積標高差 490m 540m

尖って狭い岩櫃山の頂上

岩櫃山は吾妻八景を代表する景勝地で、200メートルの絶壁を見て、バラエティに富んだコースから山頂に立てば、県内・県境の山々が一望できる展望の山である。

絶壁の反対側は豊かな森に包まれていて、中腹にはNHK大河ドラマ「真田丸」（平成28年放送）に登場した岩櫃城跡がある。甲斐の岩殿城、駿河の久能城と並び、武田領内の三名城と称され、武田信玄の重臣真田幸隆が攻略し、真田氏の活躍の舞台となった城だ。

JR吾妻線の駅から近く、毅然と構えた絶壁の頂上に立てる。魅力に満ちた山歩きが楽しめるが、随所に険しい箇所があり、細心の注意が必要だ。初心者は経験者の同行をすすめたい。

登山ルートは、密岩登山口から密岩通り、赤岩登山口から赤岩通りと旧赤岩通り、平沢登山口から尾根通りと沢通りがある。

密岩通りは、**郷原駅**前の国道を左へ。すぐ踏切を渡り、密岩登山口まで道標にしたがう。白い色の水道施設の脇の**登山口**から階段状の急登が続く。

鞍部からは三点支持など安全への配慮が欠かせない。右の急坂を登ると天狗の架け橋に出る。極端に狭い幅の岩で、右下には迂回路がある。続いてクサリ、石門（くぐり抜ける）を通過。クサリとハシゴで絶壁側に乗り越えるが、気が抜けないところだ。左カーブで突きあたり、左上のクサリとハシゴで急登して、**岩櫃山**頂上に立つ。

展望と高度感を堪能したら戻って直進し、北東のピークを鉄バシゴで登る。展望のよい岩場で、休憩中の人もいる。岩稜の右下の道へ下って八合目でさらに右下へ。小広い平地に出て沢コース（原町の道標がある）か、その先の尾根コース（岩を巻きながら進む）で岩櫃城跡へ。

■鉄道・バス
往路＝JR高崎駅発渋川駅経由の吾妻線普通列車に乗り、郷原駅で下車。復路＝JR吾妻線群馬原町駅を利用。

■マイカー
関越自動車道渋川伊香保ICを出て左折、国道17号を新潟方面へ。草津方面に左折して吾妻川に沿ってJR郷原駅まで約30キロ。駅東側の踏切を渡って絶壁正面の道路右側に古谷駐車場（10台）あり。平沢登山口へは国道145号で左手のJR群馬原町駅を通過後、跨線橋の手前を左折、不動沢川沿いに約2キロ先の右手に駐車場（70台）あり。平沢登山口から郷原駅、古谷駐車場へは、右手ガードレールの車道を150メートル先で右下に下る。

■登山適期
雨期、積雪期はすべりやすく危険。新緑、紅葉時期がおすすめ。冬期は登山を自粛したい。

■アドバイス
▽日帰り入浴はフォレストリゾートコニファーいわびつ（☎0279・68・5338、不定休）がある。岩櫃城温泉は2017年3月に閉館。

■問合せ先
東吾妻町役場まちづくり推進課☎0279・68・2111、東吾妻町観光協会☎0279・70・2110

■2万5000分ノ1地形図
群馬原町

絶壁の中腹まで樹林帯に覆われた岩櫃山。手前は山腹の奥宮から遷座された密岩神社

岩櫃城本丸址の標柱をすぎて下れば平沢登山口に着く。観光案内所を左に見て下り、十字路を右折して沢沿いを歩き、国道に出て東に進めば右手に群馬原町駅がある。（砂賀洋光）

CHECK POINT

駅から歩く山にぴったりの岩櫃山。白い壁の小さな郷原駅舎の奥にそびえる岩頭

舗装路の坂を登りきって右折すると、白い色の水道施設が見えてくる。その脇が密岩登山口だ

天狗の架け橋は、盛り上がった岩の先端約1㍍がやせて両側が切り立っている。迂回路利用が便利

真田信繁（幸村）が少年時代をすごした岩櫃城。緑に囲まれた本丸址で、ゆったりした時の流れを感じる

31

十二ヶ岳・小野子山

新緑・紅葉・雪化粧の絶景を望む山

じゅうにがだけ　1201m
おのこやま　1208m

日帰り

歩行時間＝6時間25分
歩行距離＝8.7km

技術度
体力度

コース定数＝27
標高差＝608m
累積標高差 ↗1216m ↘1216m

左から十二ヶ岳、中ノ岳、小野子山の小野子三山

十二ヶ岳山頂より望む上越国境の山々

小野子三山（十二ヶ岳・中ノ岳・小野子山）は群馬県のほぼ中央にあり、山の形が特徴的ですぐにそれとわかる。展望も楽しめる人気の山である。

ゲート前の**駐車場**から林道を歩きはじめ、鑷沢沿いに進むと入道坊主、続いて**十二ヶ岳登山口**だ。石のゴロゴロした沢沿いの道を数分行くと右に折れ、杉林の登山道を登る。十二岳滝下、次に十二岳滝上の標柱があり、杉林を大きく左に曲がると木の間越しに榛名山を望むことができる。二股に分かれたところを下るように右へ行く。登りきったところが中ノ岳との**鞍部**だ。左に行くと男坂と女坂に分かれる。登りには男坂を利用しよう。男坂にはロープもあるが、急登で左側が崖なので注意して登りたい。

十二ヶ岳山頂には2等三角点や方位盤があり、360度の大展望が広がる。上信越国境の山々や、よく晴れた冬季には槍・穂高まで望める。

展望を楽しんだら下山は西側か

■鉄道・バス
往路・復路＝JR高崎駅発渋川駅経由のJR吾妻線に乗車、小野上駅で下車後、タクシーで登山口へ。

■マイカー
関越自動車道渋川伊香保ICより国道17号で沼田方面へ。白井上宿で国道353号に入り、中之条方面へ。小野上駅をすぎ十二ヶ岳の標識を右折、村上浄水場、矢ノ口貯水池を経て仮設のゲートまで入る。その右側に4～5台の駐車スペースがある。

■登山適期
ヤマツツジが咲く新緑のころ、紅葉期がよい。上信越国境の山に雪のあるころの展望もすばらしい。冬季も積雪が少なく楽しめるが、軽アイゼンは必携。

■アドバイス
▽小野子山西尾根登山口から小野子山コースは急登で、ロープも設置されているが、やせ尾根でガレ場。登りに使うとよい。シロヤシオ、ヤマツツジがみごとだ。
▽小野子山登山口からNHK電波塔を経て、雨乞山、小野子山のコースもおすすめ。
▽結婚の森駐車場から十二ヶ岳のコースは、簡単に展望の山へ登れる。

■問合せ先
渋川市役所小野上行政センター☎0279・59・2111、小野上温泉ハタの湯☎0279・59・2611、ら北へ回りこむ女坂を下る。ここにもロープが設置されている。**鞍部**に戻ったら中ノ岳方面に進む。尾根伝いに進むと**中ノ岳**山頂だ。展望はないが鮮やかなヤマツツジが見られる。

中ノ岳をあとに下降して、鞍部より急登すると**小野子山**に着く。山頂からは谷川岳方面が望める。

小野子山の緩やかな稜線を北東に進むと県指定の天然記念物である赤芝の**姉ツツジ**（シロヤシオ）があり、5月中旬ごろ新緑の中に清楚な白い花がみごとだ。

帰りは来た道を十二ヶ岳の**鞍部**まで戻り、そこで左に折れ、登山口の先にある**駐車場**まで戻る。

（内田光子・天明寿美江）

県指定天然記念物の姉ツツジ（シロヤシオ）

SUNおのがみ（宿泊施設）☎0120・144・669、群北第一交通渋川（タクシー）☎0279・22・2247

■2万5000分ノ1地形図
金井・上野中山

CHECK POINT

1 林道通行止めゲートの手前右側に4〜5台の駐車スペースがある

2 あずまやの先、十二ヶ岳登山口にはハイキングマップの案内板と簡易トイレがある

3 十二ヶ岳山頂下の分岐。登りに左側の男坂、下りに女坂を利用するとよい

4 十二ヶ岳山頂には方位盤が設置されている。榛名山、谷川岳方面の展望を楽しもう

5 中ノ岳山頂でヤマツツジを愛で休憩するハイカー

6 小野子山山頂では谷川岳方面の展望が楽しめる

32

獅子岩からの大展望が魅力

子持山

こもちやま　1296m

日帰り

歩行時間＝4時間40分
歩行距離＝6・4km

技術度
体力度

コース定数 =19
標高差 =644m
累積標高差 ↗807m ↘807m

子持山のランドマークである獅子岩は、火山深部から火口までの火道に詰まったマグマが冷えて固まったあとに周りの岩が取り払われて残った火山岩頚といわれている。獅子岩から見下ろすと、放射状に広がる扇形の岩壁に気がつく。これを岩脈といい、マグマが岩石中に垂直な板のような形で貫入し、周りの岩が取り払われたあとに残ったものだ。屏風岩はこの岩脈のひとつである。

陽に浮かぶ獅子岩と子持山

5号橋駐車地から、舗装された林道を6号橋、7号橋を経て**子持山登山口**から沢沿いの板張りの登山道に入る。太鼓橋を渡れば役行者像のある屏風岩の基部だ。見上げると屏風岩の壁が垂直にそそり立つ。沢の右側の歩きやすいところを選んで進むと円珠尼の歌碑がある。なおも沢沿いに行くと植林帯を経て落葉樹の急斜面をジグザグに登り、尾根に出ると右から6号橋からの登山道が合流する。

獅子岩へは左に急傾斜の岩まじりの道を行く。右に巻道を分け、T字路を左に行くとクサリ、ハシゴのある**獅子岩**の基部だ。ザックを置いて、獅子岩を往復しよう。

屏風岩から望む獅子岩

■鉄道・バス
往路・復路＝JR上越線渋川駅からタクシーの利用となる。

■マイカー
関越自動車道渋川伊香保ICから渋川伊香保方面で国道17号へ。白井上宿の信号を左折して国道353号に。吹屋の信号を右折して子持入口の信号を斜め左に入る。子持神社の鳥居をくぐり、左の道を行くと子持神社を経て5号橋となる。駐車は5号橋、6号橋、7号橋にスペースがある。

■登山適期
4～6月、9～11月。5月のツツジ、11月の紅葉の時期が特によい。

■アドバイス
▽山慣れた人なら屏風岩から獅子岩を目指して登る尾根コースを行くとよい。円珠尼の歌碑から屏風岩の道標にしたがい左に登る。ここから屏風岩までは登山道もはっきりせず岩場のトラバースもあるので慎重に行動してほしい。コルに出ると、屏風岩へは左へクサリ、ハシゴで登る。最後に乗り越える岩が高度感があるのに手がかりがすくない。獅子岩へはコルまで戻り、数㍍下ってから尾根に乗る道を行く。急登だが、獅子岩を目指して登るのは爽快である。
▽大ダルミから8号橋、7号橋を経て5号橋まで戻れる。体調により利用したい。
▽普段は静寂とした子持神社も5月

上部のクサリは短いが、足がかりが乏しいので特に下りは注意したい。獅子岩からは南に榛名山と利根川の関東平野、東から北に赤城山、武尊山、尾瀬方面の山々を望み、西眼下には扇を立てた形の岩脈を見ることができる。

子持山へは先ほどのT字路まで戻り、直進し、左へ回りこんで岩場の下降を経て、巻道を合わせ、明るい尾根を登る。**柳木ヶ峯**から展望の開けた岩場をすぎ、大岩の右をからんで登ると「十二山神」の石碑と一等三角点のある**子持山**山頂だ。

帰路は、**柳木ヶ峯**まで戻り、南の大ダルミに下る。傾斜が急で足場もよくないが、わずかの距離なので慎重に下りたい。**大ダルミ**からは左手に木々の間から獅子岩を眺めながら、なだらかな尾根上の道を行く。途中、牛十二の石祠を見て浅間へ登り返す。石祠のある**浅間**からは、南東に細い尾根を行く。5号橋への道標にしたがい、途中、左に尾根をはずれて下る。途中、左に8号橋への分岐があるが直進し、植林帯に入れば、まもなく**5号橋**駐車地に出る。（長岡 篤）

1日の例祭日は参拝客でにぎわい、林道の通行が制限されることがある。

参拝客でにぎわう例祭日の子持神社

▽獅子岩は、2万5000分の1地形図では大黒岩になっている。

■問合せ先
渋川市子持行政センター☎0279・24・1211、群北第一交通（タクシー）☎0279・22・2247

■2万5000分ノ1地形図
鯉沢・沼田・金井・上野中山

CHECK POINT

1 7号橋駐車場から数分の登山届のポストのある登山口。ポストの手前を右に板張りの登山道に入る。正面は8号橋を経て大ダルミに続く

2 正面に屏風岩を見上げながら太鼓橋を渡る。濡れているとすべりやすいので注意。登山道は右に続く

3 御岳山神社の石碑のある獅子岩の頂上。ハシゴ、クサリを使って登る。左のピークが子持山山頂

4 南北に長い子持山山頂。東に赤城山から尾瀬方面、南西に八ヶ岳方面の展望を得ることができる

5 牛十二の石祠。この先の鞍部あたりでカモシカを見ることもある

33

榛名天狗山

はるなてんぐやま 1179m

榛名山南面の信仰と展望の山

日帰り

歩行時間＝3時間10分
歩行距離＝6・4km

技術度 1/5
体力度 1/5

コース定数	＝14
標高差	＝364m
累積標高差	↗573m ↘573m

榛名山はおよそ40万年前、激しい噴火を繰り返しながら、標高2000㍍を超える富士山のような形の成層火山になった。その後、山頂部が陥没し、カルデラと外輪山が形成された。天狗山は初期の榛名外輪山の名残といわれている。天狗信仰が篤く、行者の修験の山として知られ、数多くの石碑や石像が見られる。また、山麓には用明元（585）年に創建された榛名神社が鎮座し、訪れる人があとを絶たない。

榛名神社からの登山道は一部急坂があるものの、比較的よく整備されていて、家族連れでも安心して歩くことができる。

榛名神社バス停から歩く。参道を登り、榛名神社の随神門の手前に来たら右の林道に入る。**一合目**の分岐で地蔵峠への道を分け、右に進むと鳥居の前に出る。近くに流れる小川で水を補給しよう。ここが最後の水場だが、枯れていることもある。二合目あたりからしだいに山道らしくなり、道の両側にロープが張られた急坂を登りきると、四合目の標識のついた**鏡台山のコル**に着く。

鏡台山南峰まで往復し、四合目に戻る。ここから鐘原ヶ岳の中腹を巻くように水平道が続き、カラマツ林の中に美しい笹原が広がる。やがて、**鐘原ヶ岳分岐**を見送り、わずかな登りで天狗山西峰とのコルに出る。九合目の標識を見

■鉄道・バス
往路・復路＝JR高崎駅西口から群馬バス榛名湖行きに乗り、榛名神社下車。

■マイカー
関越自動車道前橋IC下車、高崎環状線から国道406号を西に進み、室田信号から榛名山方面に向かう。榛名神社入口に市営駐車場がある。

■登山適期
4月中旬～11月下旬。新緑が美しい5月から晩秋まで楽しめる。

■アドバイス
▽鐘原ヶ岳は天狗山の北に隣接する静かな山である。天狗山と組み合わせれば充実した周回コースになる。地蔵峠から稜線まで足場がやや悪い。小さな岩場に出ると、掃部ヶ岳から榛名山南部の外輪山を一望できる。三角点のある小鐘原ヶ岳から石碑群の前を通り、テープがつけられた笹原を下れば、天狗山の登山道に出られる。
▽榛名神社は約400年の歴史をもち、国指定重要文化財が6棟ある。

■問合せ先
高崎市役所榛名支所産業観光課☎027・374・5111、群馬バス高崎駅前案内所☎027・323・1533

■2万5000分ノ1地形図
榛名湖

←天狗山山頂から浅間山方面を望む。右の鋭鋒が角落山、その左が剣ノ峰、奥が鼻曲山、左の高点は留夫山。右の最奥が浅間山だが、雲に隠れている

中室田付近から朝日に照らされた天狗山を望む。麓から眺めると天狗の面を伏せた山容を見せてくれる

←天狗山山頂には大天狗、小天狗が祀られた石祠がある。山頂は狭い岩場なので、足もとに注意しよう

て鳥居をくぐり、5分も登れば**天狗山**山頂に着く。

岩の重なり合った山頂には多くの石碑が祀られ、信仰登山が盛んに行われていたことがしのばれる。南面には釜ヶ谷津（かまがやつ）とよばれる谷がいっきに切れ落ち、赤城山（あかぎやま）から西（にし）上州（じょうしゅう）、浅間山（あさまやま）までの展望がすばらしい。

下山は往路を戻り、時間があれば榛名神社を参拝しよう。

（佐藤幹男）

CHECK POINT

1 榛名神社の参道を登り、随神門の前に来たら、右の沢沿いの林道に入る

2 簡易水道の施設を通りすぎると、まもなく一合目の分岐。左は地蔵峠、右の天狗山方面に進む

3 二合目の鳥居。林道歩きはここまでとなる。この先は山道で、道端に山野草が多くなる

4 少しの間、急坂をがまんすれば四合目の鏡台山のコルに登り着き、樹林越しに杏ヶ岳を見る

5 鏡台山南峰は日当たりがよくて明るく、休憩に適している。一方、北峰は樹木に囲まれて静か

6 鐘原ヶ岳中腹の巻道を歩くと、カラマツ林の中に笹原が広がっている

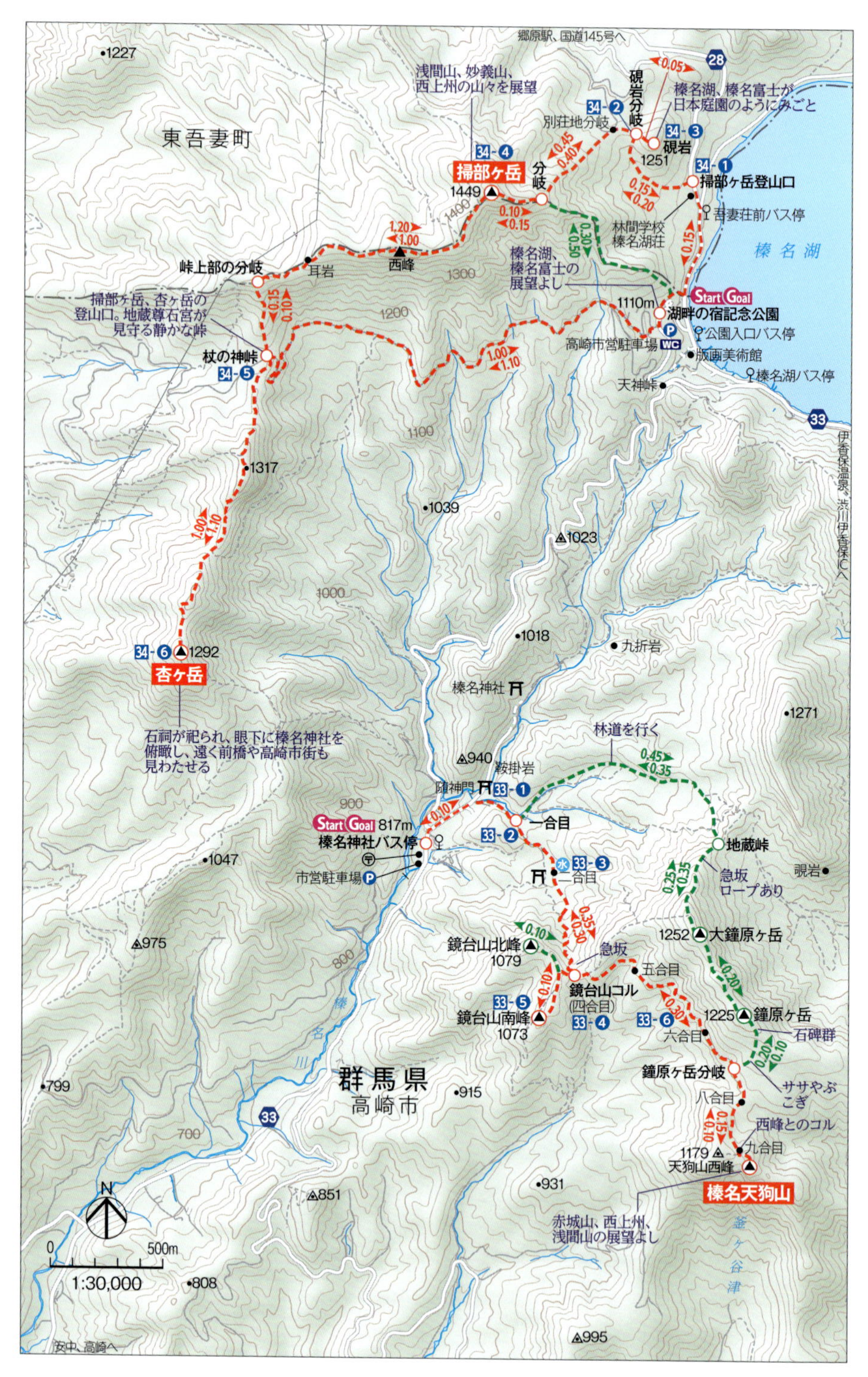
郷原駅、国道145号へ
浅間山、妙義山、西上州の山々を展望
東吾妻町
硯岩分岐
榛名湖、榛名富士が日本庭園のようにみごと
別荘地分岐
硯岩
1251
掃部ヶ岳
分岐
1449
掃部ヶ岳登山口
吾妻荘前バス停
林間学校榛名湖荘
榛名湖
西峰
耳岩
峠上部の分岐
榛名湖、榛名富士の展望よし
1110m
湖畔の宿記念公園
掃部ヶ岳、杏ヶ岳の登山口。地蔵尊石宮が見守る静かな峠
杖の神峠
公園入口バス停
高崎市営駐車場
版画美術館
榛名湖バス停
天神峠
伊香保温泉、渋川伊香保ICへ
1317
1039
1023
1018
九折岩
杏ヶ岳
1292
石祠が祀られ、眼下に榛名神社を俯瞰し、遠く前橋や高崎市街も見わたせる
榛名神社
林道を行く
940
鞍掛岩
随神門
817m
榛名神社バス停
一合目
地蔵峠
市営駐車場
二合目
急坂ロープあり
硯岩
1047
975
鏡台山北峰
1079
急坂
1252
大鐘原ヶ岳
五合目
鏡台山コル（四合目）
鏡台山南峰
1073
1225
鐘原ヶ岳
石碑群
六合目
鐘原ヶ岳分岐
ササやぶこぎ
群馬県
高崎市
榛名川
799
915
八合目
西峰とのコル
九合目
1179
天狗山西峰
榛名天狗山
851
931
赤城山、西上州、浅間山の展望よし
釜ヶ谷津
1:30,000
500m
808
995
安中、高崎へ

34

掃部ヶ岳・杏ヶ岳

榛名山群の最高峰から外輪山と湖の展望コース

かもんがたけ 1449m
すもんがたけ 1292m

日帰り

歩行時間＝6時間10分
歩行距離＝9・5km

技術度 1/5
体力度 2/5

コース定数＝23
標高差＝339m
累積標高差 ↗879m ↘879m

↑湖畔の宿公園からは、榛名湖と榛名富士の展望がすばらしい。竹久夢二のアトリエなどもあり、多くの観光客が訪れる

←硯岩のヤマツツジ。5月下旬〜6月上旬が見ごろ

榛名(はるな)山群の最高峰・掃部ヶ岳は榛名火山西側の外輪山のひとつで、山頂からは、榛名湖と榛名富士を囲む山々が箱庭のように眺められる。四季を通して楽しめる山だが、静かな山歩きとその展望を存分に味わうには、初冬のハイキングをすすめたい。

榛名湖畔の西にある**湖畔の宿記念公園**の高崎(たかさき)市営駐車場に車を置き、公園から続く遊歩道に入る。大きな駐車場を通り、林間学校榛名湖荘の北側の**掃部ヶ岳登山口**に入る。カラマツ林を登り、衣服調整をしたくなるころに**硯岩分岐**(すずりいわ)に出る。右折して5分で**硯岩**の展望台に出る。榛名湖側が切り立った硯岩からは、榛名富士と榛名湖が手にとるように見える。

硯岩分岐まで戻り、ササの茂る

■鉄道・バス
往路・復路＝JR高崎線高崎駅から群馬バス榛名湖行きに乗り、榛名湖バス停で下車。または、伊香保温泉のバスターミナル（JR上越線渋川駅から関越交通バスを利用）から榛名湖温泉ゆうすげ行きの群馬バスに乗り、吾妻（あがつま）荘前バス停で下車する。

■マイカー
高崎市街地から渋川松井田線を約40㌔で榛名湖畔の登山口市営駐車場へ。または、関越自動車道渋川伊香保ICから伊香保温泉を経て約30㌔、榛名湖畔の登山口市営駐車場へ。

■登山適期
無雪期ならいつでもよいが、ヤマツツジが咲く5月下旬〜6月上旬。紅葉期の10月中旬が特におすすめ。

■アドバイス
▽榛名神社は約400年の歴史をもち、国指定重要文化財が6棟ある。
▽湖畔の温泉施設はゆうすげ元湯（☎027・374・9211）など。

■問合せ先
高崎市役所榛名支所産業観光課☎027・374・5111、群馬バス高崎駅前案内所☎027・323・1533、関越交通バス渋川営業所☎0279・24・5115

■2万5000分ノ1地形図
榛名湖

尾根道を南西に登ると別荘地との分岐に出る。荒れた階段を登り、尾根に出ると湖畔の宿公園からの登山道と合流する。榛名湖や外輪山が顔を出し、新緑、初冬のころの展望は特にすばらしい。

なだらかな尾根を登ると、ほどなく**掃部ヶ岳**山頂に着く。山頂からは浅間山、妙義山、西上州、秩父、八ヶ岳などの山々が望める。上信国境が白く輝くころはいっそう美しい。

南斜面のササを分けながら次のピークへ向かう。コブを2つ越えると耳岩だ。岩峰の右を回りこみ、送電鉄塔手前の**峠上部の分岐**で左に下る。足場の悪い急坂に注意しながら下ると**杖の神峠**だ。地蔵が祀られていて、昔をしのびながらひと休みしよう。

杖の神峠から湖畔までは3キロほどの林道歩きとなる。あらかじめ車で峠まで入り、峠から掃部ヶ岳、杏ヶ岳と往復することも可能だが、林道が荒れている場合もあり、注意が必要だ。

峠から南側の階段を登ると、背後の雑木林の中に虎の顔に似た耳岩が見える。

歩きやすい雑木の尾根道は、春はブナ、カエデ、ヤマツツジなどの新緑が美しく、秋にはクリなども落ちている。登り下りを繰り返して、峠を2つ越えると**杏ヶ岳**山頂に着く。初夏のころはあまり展望はないが、初冬には前橋、高崎方面を見わたしながらの静寂なひとときが味わえるだろう。

下山は**杖の神峠**まで戻り、東の湖畔方面へ林道を行く。林道からは歩いてきた掃部ヶ岳、杏ヶ岳の尾根が見える。湖畔に近づくと林道分岐を左に入り、家が見えたら**湖畔の宿記念公園**だ。

（戸澤哲男）

榛名公園ビジタセンターより掃部ヶ岳を望む。逆に、榛名山の最高峰・掃部ヶ岳からは、榛名湖、榛名富士を囲む榛名外輪山を箱庭のように眺められる

CHECK POINT

1 登山口に入るとすぐに登山道らしくなる、10分ほどで硯岩分岐に着く

2 硯岩分岐。服装や装備の調整によい休憩場所だ

3 硯岩の上は狭いがすばらしい展望が楽しめる。ここまで来る観光客も多いようだ

4 掃部ヶ岳山頂は、東側と南側が開け、榛名湖、榛名富士、榛名外輪山、西上州の山々が展望できる

5 杖の神峠は、ササが生い茂り地蔵尊が見守る静かな峠。掃部ヶ岳と杏ヶ岳の登山口でもある

6 杏ヶ岳山頂は、展望はあまりない。樹林越しに榛名神社が望める。登山者が少なく静かな登山を楽しめる

＊コース図は92ジを参照。

35

二ッ岳

風穴からの涼風を浴びながら、2つのピークに立つ

ふたつだけ
1343m（雄岳）

日帰り

歩行時間＝3時間10分
歩行距離＝3・5km

技術度
体力度

コース定数＝12
標高差＝358m
累積標高差 518m 518m

伊香保ロープウェイ見晴駅から徒歩5分の見晴展望台から二ッ岳

二ッ岳は、水沢山と相馬山の間にある双子状のピークの山で、6世紀ころに大噴火を起こした中心部だけに、露岩が多く、あちこちに風穴も点在する。

榛名山の山々は、新緑の4～5月と紅葉の秋から冬枯れの時期がベストシーズンだが、二ッ岳は、夏の盛りでも登山道を流れる涼風が心地よく、頂上の展望、木々の緑や花と、思いのほか楽しめる。

伊香保森林公園の管理棟に着いたら「伊香保森林公園案内図」の看板横の石段を登り、右手、鷲の巣風穴に向かう。数箇所、涼風が吹き出して気持ちがよい。

鷲の巣風穴からが登山開始である。道標や案内板はしっかりしている。少し先の看板「二合目へ」を右折して二ッ岳への登りになる。雄岳と雌岳の鞍部までは標高差ではかなりの急勾配だが、道は適度の緩急があり、またはっきりしている。ミズナラの林の道端にはガクアジサイなどが目を楽しませてくれる。30分余りで七合目にあたる**鞍部**に着き、雌岳側からの涼風が心地よい。

鞍部からまずは雄岳山頂を目指して右へ。ひと登りで**雄岳分岐**に出る。ヤセオネ峠への道と別れ、急登すると、テレビ塔や無人の建物がある**雄岳**山頂だ。右側の岩峰を登ったところにお宮がある。頂上は狭く足場は悪いが、相馬山、

■鉄道・バス
往路・復路＝JR上越線渋川駅から関越交通バス伊香保温泉行きに乗り、終点下車（所要約30分）。5分ほど歩いてロープウェイに乗り、終点の見晴駅へ。徒歩約30分で公園管理棟に着く。伊香保温泉へは、JR高崎線高崎駅から伊香保温泉行きのバスも発着している。

■マイカー
関越自動車道渋川伊香保ICから伊香保温泉を経て約20㌔、伊香保森林公園へ。公園内駐車場に車を停める。

■登山適期
ヤマツツジやレンゲツツジが咲く5月下旬～6月中旬。真夏でも風穴からの風が心地よい。10月上旬～下旬の紅葉の時期もよい。

ヤマツツジ

■アドバイス
▽森林公園管理棟には管理人が常駐。コース状況の確認もできる。
▽伊香保森林公園は、二ッ岳の雄岳・雌岳を中心に多くの登山コースがあり、体力に応じてルートを選べる。
▽春はヤマザクラ、ユキワリソウ、

雌岳より水沢山

雄岳から相馬山

CHECK POINT

1 入口の石段を登ると広場になり、ベンチや水道などがある。5月にはツツジも咲く

2 鷲の巣風穴からは、5℃くらいの冷風が吹き出しくる。ここにもベンチや水道あり

3 急登が終わり、尾根分岐で目の前が開け、相馬山が展望できる

4 雄岳分岐から先は、崖崩壊のため通行禁止。手前から迂回路を行く

5 雌岳直下のあずまや。小休憩によい場所で展望も良好

6 雌岳山頂からは、水沢山、赤城山、上越の山々、伊香保のスケートリンクや渋川の街が展望できる

7 森林公園分岐。ここにも風穴がある。ベンチもあり、冷気を浴びながらの休憩ができる

8 蒸し風呂跡。昔を思い、小鳥のさえずりを聞きながら森林浴を満喫しよう

榛名富士(はるなふじ)が間近に迫り、すばらしい展望が得られる。

鞍部まで戻り、雌岳に向かう。**あずまや**の建つ雌岳登山口の分岐から10分ほどで**雌岳**山頂に立つ。こちらの展望もすばらしく、伊香保のスケートリンクや水沢山、赤城山(あかぎやま)、谷川岳(たにがわだけ)、前橋(まえばし)、高崎(たかさき)、渋川(しぶかわ)の町並みとあきることがない。

下山は、雌岳の山腹を回り、屏風岩を左に見ながらゆっくり下ると、オンマ谷分岐手前でも小さな風穴から涼風が流れてくる。**分岐**を左に進み、蒸し風呂跡へ下ると、ここにも冷気が漂う。二ッ岳周辺はこのように風穴が多く、盛夏の山行をすすめるゆえんである。

かつての噴火の名残りを見て、シダの池の脇を通り、**森林公園管理棟**に戻る。マイカー山行で時間が早ければ、ヤセオネ峠から沼ノ原(ぬまのはら)に出て、ユウスゲやキブシなどの花の豊かな原を散策してから、榛名湖温泉で汗を流すのもよい。

（戸澤哲男）

ヤマツツジ、レンゲツツジ、秋は外輪山の紅葉やススキなどが美しい。

■問合せ先

渋川市役所伊香保行政センター☎0279・72・3155、伊香保温泉観光協会☎0279・72・3151、伊香保森林公園管理事務所☎080・7454・2345、関越交通バス渋川営業所☎0279・24・5115、伊香保ロープウェイ☎0279・72・2418、群馬バス高崎駅前案内所☎027・323・1533

■2万5000分ノ1地形図

伊香保

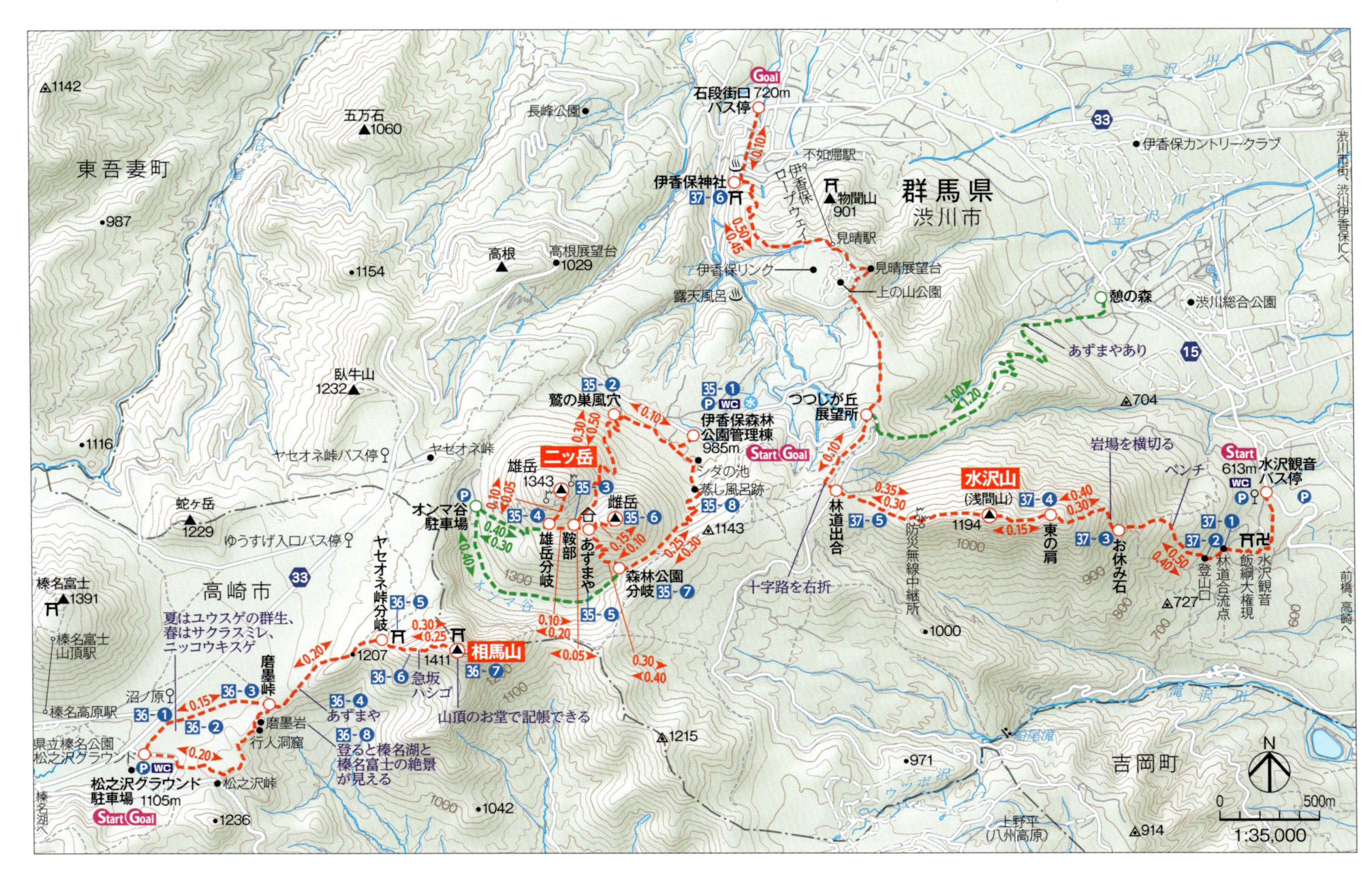

東吾妻町
五万石
1060
長峰公園
石段街口 720m
バス停
Goal
伊香保カントリークラブ
不如帰駅
伊香保神社
37-6
伊香保ロープウェイ
物聞山
901
群馬県
渋川市
見晴駅
見晴展望台
上の山公園
伊香保リンク
露天風呂
高根
高根展望台
1029
1154
987
1142
憩の森
渋川総合公園
あずまやあり
臥牛山
1232
1116
ヤセオネ峠バス停
ヤセオネ峠
鷲の巣風穴
35-2
35-1
伊香保森林公園管理棟
985m
Start Goal
シダの池
蒸し風呂跡
35-8
1143
二ッ岳
雄岳
1343
35-3
雌岳
35-6
35-4
雄岳分岐
鞍部
あずまや
森林公園分岐
35-7
35-5
オンマ谷駐車場
オンマ谷
つつじが丘展望所
林道出合
37-5
十字路を右折
防災無線中継所
水沢山
(浅間山)
1194
37-4
東の肩
37-3
お休み石
岩場を横切る
ベンチ
Start
613m
水沢観音バス停
37-1
37-2
登山口
林道合流点
飯綱大権現
水沢観音
前橋、高崎へ
渋川市街、渋川伊香保ICへ
704
727
1000
蛇ヶ岳
1229
ゆうすげ入口バス停
高崎市
33
15
榛名富士
1391
榛名富士山頂駅
夏はユウスゲの群生、春はサクラスミレ、ニッコウキスゲ
ヤセオネ峠分岐
36-5
1207
36-6
急坂
ハシゴ
1411
相馬山
36-7
山頂のお堂で記帳できる
磨墨峠
36-3
36-4
あずまや
36-2
磨墨岩
行人洞窟
36-8
登ると榛名湖と榛名富士の絶景が見える
沼ノ原
榛名高原駅
36-1
県立榛名公園
松之沢グラウンド
松之沢グラウンド駐車場
1105m
Start Goal
松之沢峠
1236
榛名湖へ
1042
1215
971
上野平
(八州高原)
滝沢川
船尾滝
ウツボ沢
吉岡町
914
N
0
500m
1:35,000

36

榛名外輪山の中でもひときわ目立つ信仰の山

相馬山

そうまさん
1411m

日帰り

歩行時間＝2時間10分
歩行距離＝4・0km

技術度
体力度

コース定数＝9
標高差＝306m
累積標高差 374m 374m

赤城山、妙義山と並ぶ上毛三山のひとつに数えられる関東の名山・榛名山。その外輪山を構成する山並みの中でひときわ目立ち、地元では「イルカの背びれ」と称される山が相馬山だ。

県立榛名公園松之沢グラウンドの駐車場から沼ノ原のゆうすげの道（木道）を正面の相馬山に向かって歩きはじめる。木道の両側には、見ごろになるとヤマツツジとレンゲツツジが、あたり一面に咲き揃い目を楽しませてくれる。ゆうすげの道はコースのいたるところで高山植物が見られ、春から秋にかけてさまざまな花が楽しめる。

名前の由来であるユウスゲは、この場所で多く見られるユリ科の多年草で、花の見ごろは7月中旬～8月中旬、夕方から咲きはじめ、翌朝にはしぼんでしまう。

まもなく磨墨岩が右側に見えてくる。松之沢、榛名神社方面からの関東ふれあいの道と交差するところが**磨墨峠**で、ここを相馬山方面に向かうとあずまやがある。「磨墨」とは籾や粉をひく臼のことで、峠の特徴的な岩の形から磨墨岩、その岩のあるところから磨墨峠と名づけられたのだとか。

あずまやから連なる緩やかな登山道を進んでいくと**ヤセオネ峠分岐**をすぎ、鳥居に到着する。ここから30分ほどは急な岩場が続き、鉄バシゴが3箇所あるなど、ちょっとしたミニアルペン気分に浸ることができる。

ところどころに石仏や石碑が祀られる岩場を登りきると**相馬山**の山頂に立つ。黒髪山神社があり、

榛名湖から見た相馬山。イルカの背びれの形が印象的

花のゲートをくぐるような道を進んで行く

■鉄道・バス
往路・復路＝JR上越線渋川駅から関越交通バスで伊香保温泉へ。伊香保温泉から群馬バス榛名湖温泉ゆうすげ行きに乗り換え、沼の原バス停下車。あるいはJR高崎線高崎駅から榛名湖行きの群馬バスに乗り、榛名湖から徒歩でゆうすげの道に入る。

■マイカー
関越自動車道渋川伊香保ICより伊香保温泉を経て榛名湖方面に向かう。榛名山ロープウェイ入口の先、「ゆうすげの道 入口」の標識を左折すると、松之沢グラウンドがあり駐車場もある。

この標識を目印に左折する

■登山適期
新緑と紅葉の時期。特に5月中旬～6月まではツツジがすばらしい。

■アドバイス
▽トイレは、ゆうすげの道入口近くの県営松之沢グラウンドにある。

■問合せ先
高崎市役所榛名支所☎027・374・5111、関越交通バス☎0279・24・5115、群馬バス☎027・323・1533

■25000分ノ1地形図
伊香保

古くからの信仰の山であることをうかがわせる。お堂には登頂者の名前を書き込むノートが置いてあり、多くの登山者の名前が記帳されている。

山頂からの眺望はすばらしく、水沢山、妙義山、荒船山、遠く関東平野から富士山、八ヶ岳までを望むことができる。

下山は、**磨墨峠**から磨墨岩の下を通り、松之沢峠方面に下りて、車道の脇道を沼ノ原方面に戻る道を行こう。登る人は少ないが、ハシゴで登る磨墨岩の上からの360度のパノラマを味わってほしい。

（加藤 博）

←群馬県の花に指定されてるレンゲツツジやヤマツツジに覆われた相馬山とその頂

←磨墨岩から見た榛名湖と榛名富士

CHECK POINT

1 沼ノ原からヤセオネ峠の分岐まで、春はツツジ、夏はユウスゲの咲く高原の道を清々しく歩ける

2 沼ノ原を歩いていると、右手のツツジの合間から、ひときわそびえる磨墨岩が見える

3 15分ほどで松之沢峠への分岐になっている磨墨峠に到着する

4 磨墨峠からしばらく進むと、あずまやがある。この裏から見た榛名富士は絶景だ

5 ヤセオネ峠分岐をすぎると、岩場に到着する。鳥居をくぐると徐々に急登になる

6 ミニアルペン気分が味わえる岩場。注意して登ればそんなに難しくはないが、慎重に歩を進めよう

7 30分ほど続いた急登の「ごほうび」。山頂からは、関東一円、スカイツリーから富士山までの眺望が得られる

8 カラス天狗が鎮座する磨墨岩の頂上へは、ほぼ垂直に近いハシゴを登る。下りは足もとが見にくいので注意

＊コース図は97ページを参照。

十一面千手観世音菩薩を祀る水沢寺

37

水沢山

多くの人に登られている展望の山

日帰り

みずさわやま
1194m

歩行時間＝3時間25分
歩行距離＝6・0km

技術度 ■■□□□
体力度 ■□□□□

コース定数	＝15
標高差	＝581m
累積標高差	↗677m ↘570m

水沢山は榛名山群の東端に位置する寄生火山で、土台となる台形の上に、山頂となる小さな三角形をのせた独特の山容をもっている。北には石段街で知られる伊香保温泉が控え、東のふもとには坂東三十三番札所の第十六番水沢観世音があり、参拝者でにぎわう。地蔵尊6体が祀られた回転する台座をもつ六角堂は一見の価値がある。登山道はよく整備され、多くの人が水沢寺から山頂を往復する。

水沢寺で参拝をすませ、本堂左の鳥居をくぐり、飯綱大権現へ急な階段を登る。大権現の左を進み、石灯籠に導かれて突き当たる林道は、右に行くと水沢寺の駐車場に続いている。左によく手入れのされた杉林の中を行くと、山頂を示す標識のある登山口となる。落葉樹の中の整備された道を行く。ベンチの置かれた場所で尾根に出る。**お休み石**からは岩混じりの急登となるのでゆっくり行こう。夏にはユリとホトトギスが辛い登りを慰めてくれる。

突然、展望が開け、十数体の石仏が並んだ水沢山の**東の肩**に飛び出す。今までの急登がうそのようななだらかな稜線上の道を行き、少しの岩場の急登で**水沢山**山頂となる。方位案内板があるので、山の名前を確認しながら展望を楽しもう。

下山は、西に伊香保森林公園へ下る。細い尾根を行き、西の肩となる防災無線中継所の手前を右に下る。この下りは、小石がザレていて、コース唯一の悪場である。傾斜が緩むとまもなく舗装された**林道上野原線**を横切り、森林公園に入る。すぐに標識にしたがい十字路を右へ行くと**つつじが丘展望所**だ。

伊香保温泉へは、北に階段を下り、林道を横切り「伊香保温泉大

つつじヶ丘展望所から望む水沢山

■鉄道・バス

往路＝JR上越線渋川駅から水沢経由伊香保行きの群馬バスまたはJR高崎線高崎駅から水沢経由伊香保行きの群馬バスで水沢観音バス停下車。伊香保・水沢間（水沢シャトルバス、土・日曜のみ）も利用できる。

復路＝石段街口バス停または伊香保温泉バスターミナルから渋川駅（群馬バス、関越交通バス）、高崎駅（群

↑関東平野を一望の下にできる水沢山山頂。西方には、相馬山、二ッ岳、榛名富士などの榛名山群を望む

←つつじが丘のツツジ。ヤマツツジ、ミツバツツジが咲き乱れる

駐車場」の標識で登山道に入る。伊香保スケートリンクへの舗装された道に出て、右に上（うえ）の山（やま）公園へ入る。ツツジと紅葉の美しいところだ。ロープウェイの見晴駅から左に伊香保神社へ下る。**伊香保神社**からは、右に石段街を温泉街の雰囲気を楽しみながら下れば**石段街口バス停**となる。

（長岡　篤）

CHECK POINT

1 水沢観音からの道と駐車場からの道の合流点。この先の右側に登山口がある

2 水沢山登山口。ここから広葉樹林の中のよく整備された登山道に入る。直進すると船尾滝だが、通行不可

3 休憩にちょうどよいお休み石。ここで緩やかな登りも終わり、岩混じりの急坂がはじまる

4 頭上が明るくなると急坂が終わり、十数体の石像群が並ぶ水沢山の肩に出る。展望もよい

5 花の時期にはツツジのトンネルの中を行く。この先で舗装された林道を横切り、伊香保森林公園に入る

6 伊香保スケートリンクから階段を下り、縁結びの神として有名な伊香保神社に下り立つ

馬バス）へ。

■マイカー
関越自動車道渋川伊香保ICより伊香保へ向かう。県道33号を、ゴルフ場を左に見てビジターセンター前の信号を左折、2・5キロで右に水沢寺の大駐車場。駐車は参拝者に迷惑をかけないよう伊香保寄りに停める。道路左のうどん店先の左カーブ手前にある駐車場を利用してもよい。

■登山適期
4〜11月。4月中旬からのヤマツツジ、ミツバツツジ、11月の紅葉の時期が特によい。

■アドバイス
▽つつじが丘展望所から、憩の森 森林学習センターに下る道もある。つつじが丘展望所からいったん伊香保への登山道に入り、すぐに「憩の森」の小さな標識を見て右に入る。大きくジグザグを繰り返し、あずまやを右に下れば憩の森 森林学習センターに出る。センターから水沢寺までは20分もかからない。

■問合せ先
渋川市伊香保行政センター☎0279・72・3155、憩の森 森林学習センター☎0279・72・3220、群馬バス☎027・323・1533、関越交通バス☎0279・24・5115

■25000分ノ1地形図
伊香保

＊コース図は97ページを参照。

38

白砂山

三県にまたがる分水嶺の稜線歩きは花と展望の世界

しらすなやま
2140m

日帰り

歩行時間＝8時間15分
歩行距離＝12・1km

技術度
体力度

コース定数＝31
標高差＝630m
累積標高差 1198m 1198m

←堂岩山をすぎて、見通しがよくなると白砂山が現れる

←白砂山の山頂はりっぱな山名柱がある平坦地。南方の見晴らしがすばらしい

白砂山は「しろすやま」ともいう。群馬、長野、新潟の三県にまたがり、三国山脈西部に位置し、東は稲包山、北は佐武流山、苗場山、西は志賀の山々に連なる。積雪量が多く、その稜線は日本海側と太平洋側へ流れる分水嶺である。山頂は旧六合村の北にそびえ、展望のすばらしさは群を抜いている。

登山口は野反湖の北端にあるバス停広場の駐車場奥にある。湖畔にはキャンプ場もあり、前日泊での登山には便利だ。**登山口**から少し登ると、すぐにハンノキ沢への下りとなり、ロープで補強された小さな木の**橋**を渡る。樹林の中を進み、北沢取水分岐をすぎると**地蔵峠**に着く。峠は十字路になっていて、左は魚野川渓谷に、右は地蔵像で行き止まりだ。

シラビソの樹林帯の道は地蔵山の先で一度下り、ピークをひとつ越えたあと、稜線の左斜面を行く。シラビソ尾根の標柱をすぎ、さらに進むと水場のある**小広場**となる。野反湖が見えるので、休憩に最適だ。水は左へ約5分下った沢で得られる。

この先は急登となり、左前方に低木の隙間から白砂山が見えてくると**堂岩山**に着く。少し先で下り

■鉄道・バス
往路・復路＝5月上旬～10月中旬にJR吾妻線長野原草津口駅から野反湖行きのバスが運行される。長野原草津口駅からタクシーは所要1時間。

■マイカー
関越道渋川ICから国道353・145号を経由して長野原に行くか、上信越道軽井沢ICから国道146号で長野原へ。さらに須川橋から北上し、国道292・405号を通り中之条町六合地区に入り野反湖方面へ。

■登山適期
6～10月上旬。10月中旬以降は降雪に注意。冬期は通行止めに注意。

■アドバイス
▽歩行時間が長く、エスケープルートはない。野反湖のキャンプ場で前泊し、早朝から登るのが望ましい。
▽白砂山からの帰路、堂岩山手前の分岐から八間山へ抜ける中尾根のサブルートは、長距離となる健脚向きで、日の長い夏期に限られる。
▽下山後の湯に、六合の尻焼温泉、花敷温泉、応徳温泉などがある。

■問合せ先
中之条町役場六合支所☎0279・95・3111、野反湖ビジターセンター・キャンプ場☎090・5201・4782、ローズクィーン交通（バス）☎0279・95・5512

■2万5000分の1地形図
野反湖

天空の稜線上からは佐武流山、背後に苗場山方面がよく見える

CHECK POINT

1 野反湖北端にある白砂山登山口はバス停、トイレ、売店があり、多くの車が駐車できる

2 登山口には「入山者の皆様へ」という大きな営林署からの注意書きがある。白砂山まで6.4㌔の表示板も

3 ハンノキ沢の木橋を慎重に渡る。橋は固定用ロープで引っ張られている

4 地蔵峠には指導標がある。直進は白砂山へ。右へ細い脇道を30㍍ほど登ると小さな地蔵が鎮座している

5 水場のある小広場。矢印にしたがって5分ほど沢へ下るときれいな流れがあり、水を補給できる

6 ちょうど白砂山への中間地点となる堂岩山。ここから北方向の樹間に白砂山へのトレースが見えてくる

7 三差路には標識があり、右(東方向)へは中尾根の頭から八間山への道が続く

8 稜線上にある猟師の頭の山名柱。中尾根分岐から白砂山までの3分の1の距離。慎重に稜線を進む

となり、いっきに景色が広がる。白砂山への稜線沿いのトレースが前方に続く。すぐに中尾根との分岐となると、北方へ、いよいよ展望続きの稜線歩きとなる。初夏には高山植物の花が次々と現れ、秋には色づいたナナカマドやカエデが緑の絨毯の中で点々と紅葉のテーブルをつくる、見あきない景色が続く。

　最初の大きなピークは猟師の頭(りょうしのあたま)だ。1980㍍ピークを右方向に確認しながら、歩を進める。小さな岩稜にたどり着くと、金沢レリーフの標柱が現れる。この先はササが多く、ときおり落ちこんでいるので細心の注意で通過しよう。

　最後にきつい登りを越えると**白砂山**山頂だ。りっぱな山名柱があり、北方向はササと低木で風が避けられる。頂上は約10人程度、休息ができる。

　下山は往路を戻ろう。なお、池の峠パーキングと富士見峠パーキングを活用すれば、八間山(はちけんざん)まで約2時間30分の気持ちよいお花見縦走が楽しめる。（前野立穂）

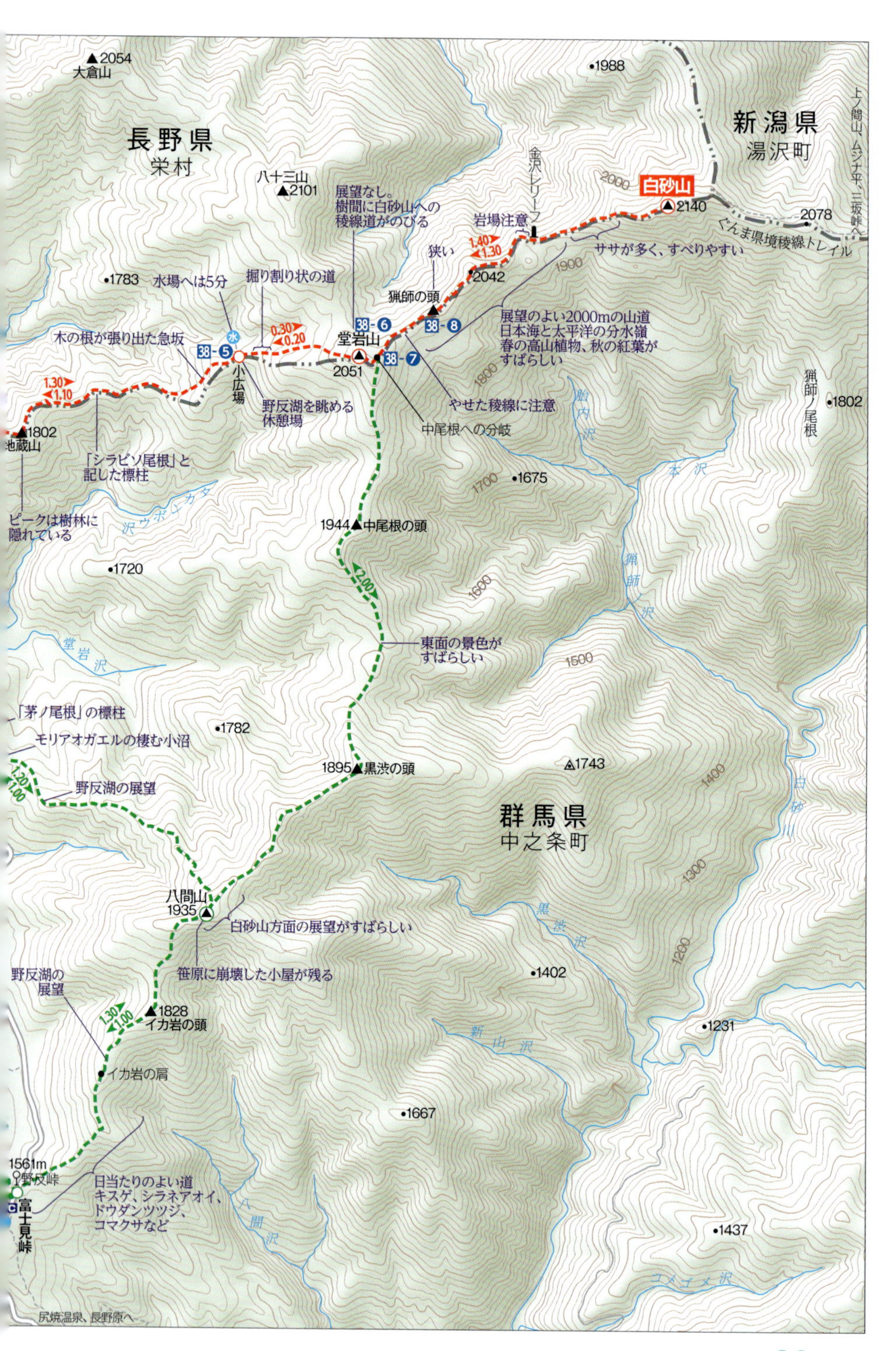

▲2054
大倉山
長野県
栄村
新潟県
湯沢町
•1988
八十三山
▲2101
展望なし。
樹間に白砂山への
稜線道がのびる
金沢レリーフ
岩場注意
白砂山
2140
2078
上ノ間山、ムジナ平、三坂峠へ
ぐんま県境稜線トレイル
ササが多く、すべりやすい
狭い
2042
1.40
1.30
•1783
水場へは5分
掘り割り状の道
猟師の頭
展望のよい2000mの山道
日本海と太平洋の分水嶺
春の高山植物、秋の紅葉が
すばらしい
木の根が張り出た急坂
38-5
0.30
0.20
38-6
堂岩山
2051
38-7
38-8
小広場
野反湖を眺める
休憩場
やせた稜線に注意
中尾根への分岐
1.30
1.10
▲1802
池蔵山
「シラビソ尾根」と
記した標柱
ピークは樹林に
隠れている
ウボレカタ沢
猟師ノ尾根
•1802
•1675
1944▲中尾根の頭
•1720
2.00
東面の景色が
すばらしい
堂岩沢
「茅ノ尾根」の標柱
モリアオガエルの棲む小沼
•1782
1.20
1.00
野反湖の展望
1895▲黒渋の頭
▲1743
群馬県
中之条町
八間山
1935
白砂山方面の展望がすばらしい
笹原に崩壊した小屋が残る
野反湖の
展望
▲1828
イカ岩の頭
1.30
1.00
•イカ岩の肩
•1402
•1231
•1667
1561m
野反峠
富士見峠
日当たりのよい道
キスゲ、シラネアオイ、
ドウダンツツジ、
コマクサなど
•1437
尻焼温泉、長野原へ

群馬県境稜線トレイルに待望の避難小屋新設

群馬県と新潟県・長野県の県境100キロにわたってのびる国内最長の稜線ロングトレイルが「群馬県境稜線トレイル」。2018年に主に群馬・新潟県境の白砂山～上ノ間山～忠次郎山～上ノ倉山～大黒の頭～ムジナ平～三坂峠間が開通。ムジナ平に待望の避難小屋も完成した。

鉄骨平屋建て、11人収容のムジナ平避難小屋。水場は南斜面へ下りて約10分（少雨の天候時期は要確認）

富士見峠より望む三壁山（中央）とエビ山（左手前）

39

高山植物が群生する上信国境の山

三壁山・エビ山

みつかべやま 1974m
えびやま 1744m

日帰り

歩行時間＝5時間
歩行距離＝8・8km

技術度
体力度

コース定数＝**20**
標高差＝464m
累積標高差 791m 791m

三壁山・エビ山は群馬・長野の県境にあり、ともに野反湖の西岸を取り囲む山々である。オコジョがいるという三壁山は野反湖周辺で最も高い山である。その稜線の西には緑の絨毯を敷きつめたようなカモシカ平が広がっており、7月中旬ころのノゾリキスゲの花期は圧巻である。

野反湖は、2000m級の山々に囲まれ、湿原、草原など、変化に富んだ環境にあり、上信越高原国立公園の特別地域および自然休養林に指定されている。春から初秋にかけ、300種以上のさまざまな高山植物が見られ、ハイキング、キャンプ、釣りも楽しめる。

路線バスを終点の**野反湖バス停**で降り、そのまま車道を500mほど直進、ダム堰堤を渡り、ゲートの先の**ビジターセンター**前から右折、バンガロー村の中を通り抜けると三壁山登山口だ。登山道に入ると登りはじめから急登である。30分ほどで宮次郎清水に着くが、涸れていることも多い。針葉樹林帯に入ると標高もしだいに上がり、時折振り返ると木の間越しに野反湖が見え隠れする。登山道が南に曲がり、視界が開けてくるとあとひと登りで**三壁山**山頂だ。山頂は樹林に囲まれ、展望はない。

三壁山からは穏やかな稜線歩きとなる。小高いピークの東側を巻き、展望を楽しみながら進むと、右手鞍部にカモシカ平が一望できる。樹林を下ると、ほどなく**カモシカ平分岐**だ。右に舞い下りるように下る。広大なササ原の**カモシカ平**は初夏にはキスゲ一色の景色

■鉄道・バス
往路・復路＝JR吾妻線長野原草津口駅からローズクィーン交通バスで終点の野反湖まで（所要約70分）。運行は5月上旬～10月中旬。バス便は少ないので事前に調べておきたい。

■マイカー
関越自動車道渋川伊香保IC下車。長野原から国道292・405号で野反湖へ。富士見峠、野反湖展望台、野反湖ビジターセンターに駐車場・トイレがある。国道405号の和光原～野反湖間は、12月初旬～4月下旬ごろまで冬季閉鎖（解除は年によって異なるので要確認）。

■登山適期
新緑のはじまる6月中旬から紅葉期

バンガロー村からビジターセンターを望む。後方はエビ山

に変わる。

大自然を充分堪能したら再び**分岐**に戻り、5分も登れば高沢山山頂に立つ。

道は下りに転じ、樹林帯を抜けると、明るい稜線歩きとなる。左に野反湖の湖面を、右に谷を隔てて草津温泉街、浅間山、草津白根山、奥秩父、榛名などの雄大な眺めを楽しみながら穏やかに登ると**エビ山**山頂だ。山頂は広く、展望のよい草地で、北側の草原ではアヤメやリンドウが咲く。エビの見晴台で最後の眺望を楽しんだら、樹林帯を下る。ササ原の道になるとまもなく**キャンプ場**に出る。**ビジターセンター**までは10数分だ。

（中澤菊枝）

7月中旬、一面がノゾリキスゲの黄に染まる天空の楽園・カモシカ平

CHECK POINT

1 バンガロー村の中を標識にしたがい、上へ上へと進む。施設の行き止まりに大きな標識が立つ登山口がある

2 三壁山山頂は展望はない。山頂の手前で展望を楽しもう。眼下に野反湖、東には白砂山のピークが見える

3 右側が開けてくると、鞍部に大高山に向かう一筋の道とカモシカ平が見える。草津、白根の山並みも望める

4 カモシカ平。看板標識のすぐ前から南へ腰まである笹原を100メートルほど行くと裸地がある。天空の別天地だ

5 エビ山山頂は広く平らな山頂で、360度の展望が楽しめる。北西に歩いてきた山々やカモシカ平が見える

6 ササ平から第2キャンプ場に下り着く。湖畔道路からニシブタ沢にかかる吊橋を渡るとビジターセンターだ

の10月中旬がおすすめ。特に7月中旬のノゾリキスゲの花期がすばらしい。5月中旬まで残雪があり、雪が解けると、春の花々が開きはじめる。

■アドバイス

▽八間山登山口付近の8万株のシラネアオイ（5月～6月初旬）、コマクサ（7月）はみごと。

▽サブコース①＝エビ山～富士見峠コース。エビ山から南に下り、鞍部から登り返し、弁天山を経て富士見峠にいたる。急な下りではあるが、奥上州の山並みと湖面を見ながらのコースである（3・1キロ／1時間20分）。

▽サブコース②＝湖畔一周コース。ビジターセンターからダム堰堤を渡り、池の峠駐車場から湖畔に入る。木片チップを敷きつめた東岸を富士見峠まで1時間30分、西岸は2時間（12キロ／3時間30分）。

▽秘湯の花敷温泉、尻焼温泉、京塚温泉、応徳温泉などがおすすめ。

■問合せ先

中之条町役場観光商工課☎0279・26・7727、中之条町役場六合支所☎0279・95・3111、野反湖ビジターセンター・キャンプ場☎090・5201・4782、ローズクィーン交通☎0279・95・5512

■2万5000分の1地形図

野反湖・岩菅山

＊コース図は104～105ページを参照。

40

草津白根山

コマクサ咲く火山の展望コース

くさつしらねさん
2150m（遊歩道最高地点）

日帰り

歩行時間＝3時間5分
歩行距離＝10・1km

技術度
体力度

コース定数＝14
標高差＝136m
累積標高差 ↗510m ↘510m

↑本白根山展望所から見る本白根山の最高地点（立入禁止）。標高2171メートル

←珍しい白いコマクサが見られるかも

湯釜で知られる白根山、逢ノ峰、本白根山を総称して「草津白根山」とよぶ。2018年1月23日に発生した本白根山 鏡池付近の噴火により立ち入り禁止となっている。ロープウェイやスキー場も廃止されたので、解除された場合は白根レストハウス（草津白根パークサービスセンター・休館中）からの周回コースとなる。

白根レストハウスは自由に入館でき、季節の高山植物の開花情報や紅葉の状況、ハイキングについての情報を入手できる便利な施設。映写室では①草津白根山（大地の造形）、②草津白根山（生命の彩り）、

■鉄道・バス
往路・復路＝JR吾妻線長野原草津口駅からJRバスで草津温泉へ。草津温泉からJRバス、草軽交通、西武観光バスに乗り換え、白根火山へ。

■マイカー
関越道渋川伊香保ICから国道353・145・292号で草津温泉を経て、志賀草津高原ルートで白根レストハウスへ。

■登山適期
新緑がはじまる6月中旬からコマクサが咲く7月下旬までが特によい。ナナカマドが紅葉する秋もすばらしい。

■アドバイス
▽中之条町入山地区に国指定天然記念物のチャツボミゴケ公園と穴地獄があるので訪れたい。

■問合せ先
草津温泉観光協会☎0279・88・0800、チャツボミゴケ公園☎0279・95・5111、JRバス関東長野原支店☎0279・82・2028、草軽交通バス軽井沢営業所☎0267・42・2441、西武観光バス軽井沢営業所☎0267・45・5045

■2万5000分の1地形図
上野草津

注：2024年4月現在、紹介している本白根山へのコースは噴火による規制で入山禁止、白根火山ロープウェイは廃止。白根火山へのバスも運休となっている。

亀甲構造土で知られる鏡池

③はる、なつ、あき、ふゆ（草津白根山）のビデオ（各6分）を上映しているので、観賞してからハイキングに出発するとよい。

白根レストハウスから道路を歩いて登山口に向かう。廃止されたコマクサリフトの右側が本白根山周遊コースの**登山口**になっている。登山道はゲレンデ跡を横切って針葉樹林帯へと続いている。登りはじめてまもなく木道の階段となり、亜高山帯特有の草花を楽しみながらの登りとなる。

30分ほど歩くと**中央火口の上部**にさしかかり、目の前に直径360メートルのすり鉢状の中央火口が現れる。右側は夏にはコマクサの咲くガレ場の斜面が続き、振り返ると逢ノ峰や白い岩肌を見せる白根山が見える。山腹に沿って本白根山展望所分岐点に向けて下っていく。**分岐点**の先で右側に上がり、尾根上を行く。左側の斜面もコマクサの群生地で、右前方に丸い山稜の本白根山が見える。南には裾野の広がりを見せる浅間山、鼻曲山、浅間隠山が見え、西には北アルプスも遠望される。

分岐点から15分ほどで標高2150メートルの**コース最高地点**に到着する。この先はさらに万座方面へ登山道が続いている。北側の本白根山最高地点、2171メートルのピークへは、有毒ガス発生の危険があり、立ち入り禁止となっている。

帰路は**分岐点**まで戻り、岩塊の右手の階段を登ると**本白根山展望所**に着く。周囲はすばらしい景観で、北に横手山、岩菅山など志賀高原の山々が顔をのぞかせ、南東には榛名山から赤城山まで360度の眺望が楽しめる。

下山は右下に草津の温泉街を見下ろしながら、約25分で**鏡池分岐**に着く。**鏡池畔**に下りて、まだら模様の亀甲構造土を見学しよう。**鏡池分岐**まで戻り、左側の樹林帯に入ると木道となり、少し急な下りが続く。右手に**富貴原コース**を見送り、山腹を左に回りこんで下っていく。振子沢を渡り、ゲレンデ跡の横から**登山口**を経て、往路の車道を**白根レスハウス**に戻る。

（荒井 光）

入山規制が続く草津白根山
―コース再開の一日も早いことを願って―

草津白根山は1900年代に入ってから何度か噴火しており、そのたびに、一部地域で立ち入りが禁止されることがあった。本白根山山頂がその典型で、山頂一帯は長く入山禁止になっている。

この本白根山にいたる登山道にはたくさんのコマクサが咲き、遊歩道最高地点までは、多くの観光客や登山客が訪れる人気スポットだ。

しかし、2018年1月23日に発生した本白根山鏡池付近の噴火により、以降、立ち入り禁止となっている。

2024年4月現在、草津白根山（湯釜付近）と本白根山の噴火警戒レベルは、ともに「1（活火山であることに留意）」となっている。しかし、突発的な噴火などへの安全対策の必要があるため、災害対策基本法第63条第1項に基づき火口域を中心に山頂部への立ち入りを規制し、登山道および遊歩道も閉鎖されている。

解除された際のおすすめコースは、本稿で紹介している、白根レストハウスから遊歩道最高地点に登り、火口湖の鏡池を周回して戻るコースで、コマクサの咲く火山の展望を満喫できる。日本百名山である草津白根山のコースが一日でも早く再開される日を願っている。

1 白根レストハウス（草津白根パークサービスセンター・休館中）で草津白根の概要を把握してから登るとよい

2 コマクサリフト跡の右側が本白根山周遊コースの登山口。ゲレンデ跡を横切って針葉樹林帯へと続く

3 直径360メートルのすり鉢状の中央火口が現れ、右側のガレ場の斜面にコマクサが咲く

4 本白根山展望所分岐から15分ほどで遊歩道最高地点（2150メートル）に到着。道は万座方面へと続く

5 振り返ると歩いてきた道を一望でき、本白根山のピーク（2171メートル）や本白根山展望所への道が見える

6 鏡池の水底は珍しい亀甲構造土で知られ、登山道からまだら模様を見ることができる

7 急な階段を下ると富貴原の池経由殺生方面2.8キロの標識がある。左にロープウェイ山頂駅跡へ向かう

8 涸れた振子沢を渡る。さらにゲレンデ跡の横を進むと正面に白根火山ロープウェイ山頂駅跡が見えてくる

41

四阿山

あずまやさん 2354m

霊山であった往時に想いを馳せ、360度の絶景を堪能する

日帰り

歩行時間＝6時間
歩行距離＝8.0km

技術度 ★★
体力度 ★★

コース定数＝22
標高差＝764m
累積標高差 上り 856m 下り 856m

山麓名産のキャベツ畑を前景にどっしりした四阿山

国道144号を長野方面に向かい、JR吾妻線の終点・大前駅をすぎてしばらく走ると、右手にどっしりとした山容の山が見えてくる。上信国境にまたがる四阿山だ。

四阿山は修験道の霊山である。群馬・長野の県境に位置する鳥居峠からのコースは山頂に祀られる白山権現への参道であり、里宮から1町（109・09メートル）ごとに石祠が安置され、今も苔むした石祠が往時の繁栄を物語っている。鳥居峠から約3キロの林道は期間限定で、登山口まで車で入ることができる。

登山口からは右手に華童子の宮跡を経由するコース、左手に的岩を経由するコースがあるが、今回は華童子の宮経由で山頂に向かい、下山は的岩を経由する周回コースを歩こう。

登山口の広場から沢沿いの樹林をたどると、ほどなく展望が開けて尾根に出る。ここからは尾根を緩やかに登っていく。賽の河原、あずまやをすぎると、あたりは高山植物が多くなり、木の階段を登ると**華童子の宮跡**である。案内板によると、ここは山頂の白山権現と里宮との間の中社であり、加持祈祷が行われた場所とある。

華童子の宮跡をすぎると樹林中

■鉄道・バス
往路・復路＝JR吾妻線万座鹿沢口駅下車。タクシーを利用する。

■マイカー
関越自動車道渋川伊香保ICから国道17・353・145・144号を通り71キロで鳥居峠。または上信越自動車道上田菅平ICから国道144号を通り19キロで鳥居峠。ここから鳥居峠林道に入り、林道の終点が登山口となる。

■登山適期
5～11月初旬。5月までは残雪も多く、10月には降雪を見ることもある。

■アドバイス
▽鳥居峠からの林道通行可能期間は4月下旬～11月初旬のことが多いが、降雪量によって変わるので、嬬恋村役場に問い合わせのこと。
▽鳥居峠には登山ポストがある。必ず登山カードを提出しよう。
▽嬬恋高原つつじの湯（☎0279・98・0930）で入浴できる。鹿沢温泉、新鹿沢温泉は鹿沢温泉観光協会☎0279・98・0511へ。

■問合せ先
嬬恋村役場観光商工課☎0279・96・1515、嬬恋村観光協会☎0279・97・3721、浅白観光自動車嬬恋案内所（タクシー）☎0279・97・2424

■25000分の1地形図
四阿山

の階段道となり、しばらく急登が続く。1958㍍峰を越えると、もうひと登りで的岩への分岐である**2040㍍峰**に到着する。

いったん鞍部へ下り、コメツガ、シラビソ、岩混じりの尾根を、展望と高山植物を楽しみながらひと汗かけば**嬬恋清水**（つまごいしみず）**入口**に達し、右前方に山頂の祠が望める。

樹林を抜け、四阿高原、根子岳（ねこだけ）からの道を合わせ、階段を登れば**四阿山**山頂である。眼前に根子岳、その奥には北アルプス、妙高（みょうこう）高原、浅間山（あさまやま）などの眺望を満喫で

1536
野地平への道標あり
本沢
山麓駅
パルコール嬬恋リゾートホテル
茨木山への道標あり
茨木山登山口
バラキ温泉湖畔の湯
国道144号・嬬恋村中心部へ

四阿山の山頂から、眼前の根子岳、その奥に北アルプスを望む

CHECK POINT

1 鳥居峠から約15分の林道終点登山口には15台ほどの駐車スペースとトイレがある

2 登山道には10数個の小祠があり、修験道の往時をしのばせる

3 往時を語る石碑。振り返れば噴煙を上げる浅間山や高峰高原を望むことができる

4 2040㍍峰は古永井分岐とよばれ、的岩コースとの合流点。あずまやがあるので、ひと息入れていこう

5 2040㍍峰からは階段や岩混じりの急登が続く

6 100㍍ほど下れば冷たい清水が喉を潤してくれる

7 四阿高原、根子岳からの道を合わせ最後の階段を登れば山頂である

8 山頂には東を向いた上州祠と南を向いた信州祠がある。写真は信州祠

9 的岩は複輝石安山岩の大岩脈で、六角柱状の俵を積み上げたような奇観を呈する。国の天然記念物

きる。

復路は**2040㍍峰**までは往路を戻り、南西に的岩を目指す。シラビソ、コメツガの樹林の道であるが、開けたところからは往路の尾根が展望できる。やがて登山口への**分岐**になるが、眼前の的岩を見学しよう。**分岐**に戻り、ミズナラ、カラマツなどの樹林を沢沿いに下れば、ほどなく**登山口**である。（高崎昌幸）

←日本一の嬬恋のキャベツ畑

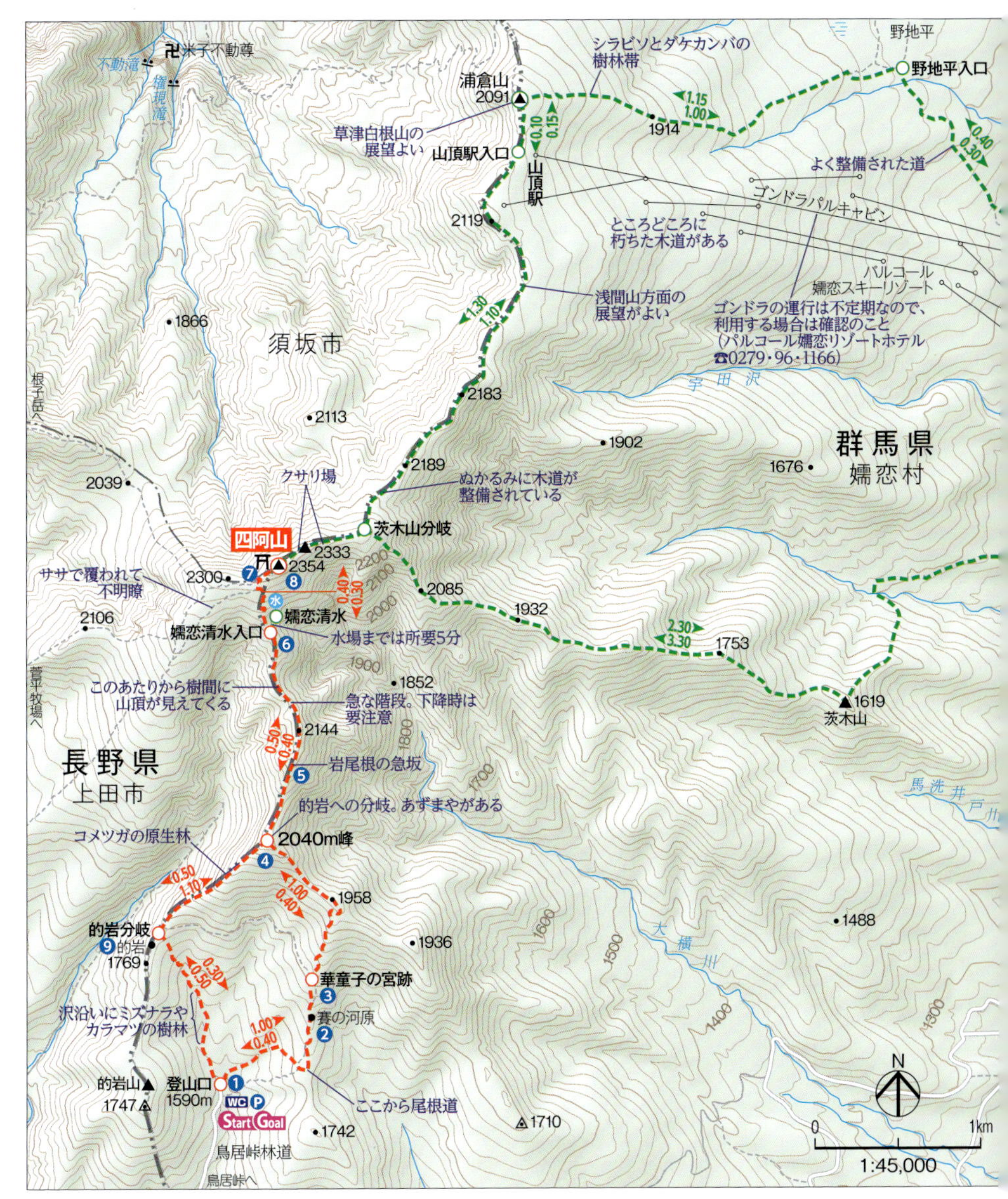

42 レンゲツツジの群落と好展望の山へ

湯ノ丸山

ゆのまるやま 2101m

日帰り

歩行時間＝4時間10分
歩行距離＝6・5km

技術度
体力度

コース定数＝16
標高差＝575m
累積標高差 ↗593m ↘593m

ツツジ平の道は湯ノ丸牧場内を通過する

群馬県嬬恋村と長野県上田市、東御市にまたがる湯ノ丸山は、花と展望に恵まれた人気の山である。この山の魅力は、なんといっても6月中旬から咲きはじめるレンゲツツジで、オレンジ色の花が山腹を染める景観はみごとである。展望のよさでも知られ、丸い山容の山頂からは、浅間山、四阿山、北アルプスが一望できる。また、隣接する烏帽子岳まで足をのばすと充実した山行が楽しめる。湯ノ丸山に登るには、地蔵峠からのコースが一般的だが、ここでは旧鹿沢温泉から角間峠を経て、湯ノ丸山に登る周回ルートを紹介しよう。

旧鹿沢温泉にある**村営駐車場**から車道を地蔵峠に向かって歩くと、右手に「雪山賛歌」の碑がある。その先に湯ノ丸山への標識がある。ここが登山口である。林道を少し行くと沢沿いの道となる。10分ほどで標識に沿って左方向に行くと、やがて角間山の標識が現れて林道が終わり、登山道となる。ササの斜面にレンゲツツジやシラカバが茂り、左には湯ノ丸山の北峰が見えてくる。途中に**つつじ平への分岐**があるが、直進すると、広々とした**角間峠**に着く。あずまやもあるので休憩によい。

角間峠からは、小笹、シャクナゲなどの低木が茂り、やや急な登りを1時間で**北峰**に着く。山頂は岩場になっていて、大小の岩の間に三角点がある。すぐ南の尾根の先に南峰が見える。

広い尾根を、展望を楽しみながら進むと、広々とした**湯ノ丸山南峰**に着く。360度の大展望を満喫できる。すぐ目の前に烏帽子岳が望

■**鉄道・バス** 往路・復路＝JR北陸新幹線佐久平駅か、しなの鉄道小諸駅からタクシーで旧鹿沢温泉へ。

■**マイカー** 上信越自動車道東部湯の丸ICか、小諸ICで下りて、県道94号を湯の丸高原に向かう。地蔵峠から群馬県側に少し行って、旧鹿沢温泉の駐車場まで行く。嬬恋村方面からは国道144号の田代鹿沢温泉口から県道94号に入り、旧鹿沢温泉へ。

■**登山適期** 新緑の5月中旬ごろから、紅葉の10月まで、いつでも花と展望が楽しめる。6月中旬のレンゲツツジが咲くころが特によい。

■**アドバイス** ▽レンゲツツジの咲く時期は、多くの観光客やハイカーが訪れるため、早い時間に登山を開始したい。
▽東御市新張から旧鹿沢温泉まで、一番から百番まで約100メートルおきに観音像が置かれている。地蔵峠の登山口には八十番観音がある。

■**問合せ先** 東御市役所商工観光課☎0268・62・1111、嬬恋村観光協会☎0279・97・3721、佐久小諸観光タクシー☎0267・65・8181

■**25000分の1地形図** 嬬恋田代

め、足をのばす人も多い。
下りは、眼下の湯の丸牧場の牧柵を目標に下山する。正面に浅間山や篭ノ登山を見ながら、露岩と灌木帯を下る。すべりやすい岩場もあるので注意して下りよう。やがて道標がある**鐘分岐**に着く。この一帯はつつじ平（コンコン平）とよばれ、レンゲツツジの群生地であり、初夏には赤橙色に染まる。

分岐を左にとり、牧柵を越えると牧場内に入る。湯ノ丸山を左側に高山植物の花を愛でながら平坦な道を歩くと、やがて混成林となり、ジグザグに下ると**広い草原**に出る。あずまやがあるので休憩しよう。

90番観音と角間峠への分岐もあり、そのまままっすぐ進むと、林を抜け、車道に出る。少し車道を歩くと**駐車場**だ。

（稲見浩和）

CHECK POINT

1 登山口の手前右手に「雪山賛歌」の歌碑がある。隣に由来の説明板もある

2 角間峠への分岐は「ちよだ・つま恋の森」の看板を左に行く。まっすぐ行かないように

3 広々とした明るい角間峠。あずまやもあり、休憩に最適。右へ進むと角間山だ

4 北峰頂上は360度見わたせる。眼前に烏帽子岳、遠く北アルプスの山並みを望む

5 北峰から広い尾根を進むと南峰に着き、こちらも360度の大展望が得られる

6 鐘分岐。つつじ平とよばれる一帯は、シーズンにはレンゲツツジが咲き乱れる

地蔵峠から烏帽子岳へ

地蔵峠の土産物店横からコースがはじまり、キャンプ場をすぎるとつつじ平を分ける中分岐に出る。平坦な道を進むと、ほどなく烏帽子岳と湯ノ丸山を分ける**鞍部**に出る。背後に湯ノ丸山を見ながら明るい笹道を登ると、稜線に出る。右に進んで最初のピークはニセ烏帽子とよばれる。ここを越えたら大展望を見ながらやや下り、岩場を登ると**烏帽子岳**山頂に着く。360度のパノラマを楽しもう。

国道144号、田代へ
角間峠
広々とした峠 あずまやがある
直進する
つつじ平分岐
角間峠への分岐。「ちよだつま恋の森」看板 まっすぐ行かないように
鹿沢温泉
Start Goal 嬬恋村駐車場 1526m
1528
登山口
『雪山賛歌』歌碑
長野県 上田市
群馬県 嬬恋村
広い草原
三角点がある
北峰 2099
牧場への下り 灌木、露岩の道 すべりやすいので注意
湯ノ丸山
南峰 2101
牧場内の道 レンゲツツジがみごと
1855
つつじ平（コンコン平）
鐘分岐
1848
烏帽子岳 2066
鞍部
ニセ烏帽子
平坦な歩きやすい道
中分岐 1825
キャンプ場
地蔵峠 1732
2004
東御市
東部湯の丸ICへ
車坂峠へ
1:36,000

43

家族で登れる、浅間山展望のコース

浅間隠山

あさまかくしやま
1757m

日帰り

歩行時間=2時間30分
歩行距離=4・1km

技術度 1/5
体力度 1/5

コース定数	=11
標高差	=422m
累積標高差	↗ 499m ↘ 499m

↑浅間隠山山頂に咲くヤマツツジ越しに浅間山を望む

←角落山から見ると均整の取れた山容を望むことができる。

浅間隠山は東吾妻町(ひがしあがつま)や中之条(なかのじょう)町から見ると、浅間山を隠してしまうことからつけられた山名だ。

円錐形の美しい山で、日本二百名山に選ばれている。登山口の標高が1335㍍ほどあるので標高差は422㍍。標準のコースタイムで、登り1時間30分。往復で2時間30分ほどなので、ファミリー登山にも最適である。

登山口から涸れた沢に沿ってカラマツの樹林帯を登っていく。かなり急な道が続くが15分ほどで**尾根**に出る。道標にしたがって左折する。ブナ林や笹原の登山道が続き、よく整備されていて歩きやすい。木立の間から浅間隠山の山頂が見え隠れする。やがて青地に白文字で「浅間隠山こちら」と書かれた案内板があるので右折する。ここからササと低木の平らな道を歩くと、ほどなく「北軽井沢への分岐」の道標がある。

道標を横に直進するとジグザグの道となり、しだいに傾斜が増し、カラマツからツツジ、雑木林へと

■鉄道・バス
往路・復路=JR高崎駅からタクシーで1時間10分。

■マイカー
関越自動車道高崎ICで降り、県道27号、354号経由、君が代橋西を右折、国道406号を行く。高崎市倉渕町権田の信号で県道長野原倉渕線に入り、「浅間隠山登山口」へ。

■登山適期
5月中旬ごろからドウダンツツジやシャクナゲが咲く。6月中旬にはレンゲツツジ、7〜8月はマツムシソウやノアザミの花が見られる。10月中旬から11月上旬は紅葉が美しい。

■アドバイス
▽登山口から県道長野原倉渕線を車で15分ほど下ったところに「はまゆう山荘」がある。日帰り入浴もできるので帰りに疲れをいやしたい。
▽倉渕町権田の東善寺には小栗上野介の墓がある。作家司馬遼太郎は『明治という国家』の中で、日本近代化につくした小栗上野介の業績をたたえ、「明治の父」と語っている。

■問合せ先
高崎市倉渕支所☎027・378・3111、上信ハイヤー☎027・322・1212、はまゆう山荘☎027・378・2333、東善寺☎027・378・2230

■2万5000分ノ1地形図
浅間隠山

変わり、主稜線の鞍部（1538メートル）に出る。ここからしばらくは背丈を越えるササの間の急登となるが、道は明瞭なのでゆっくり登る。最後の急坂を登ると**わらび平への分岐**に着く。ここが南峰で、わらび平方面への道は荒れている。下の方に浅間隠山の小さな看板があるので左に進む。平らな道で、やがて木がなくなり、笹原の間につけられた稜線の道が頂上に向かってのびている。この付近には夏にはマツムシソウやノアザミが咲く。

斜面を登っていくと周囲が開け、浅間山を左手に見ながら急登をひと登りすると**浅間隠山**山頂である。りっぱな標識と三角点、山座同定盤、石の祠がある。石の祠は浅間山を背に逆方向の東吾妻町や中之条方面を見守っている。正面に大迫力の浅間山、西側に水ノ塔山、篭ノ塔山、その奥に北アルプスの山々、北側に草津白根山、谷川岳、日光白根山、男体山、東に榛名山、赤城山、南に鼻曲山、角落山、西上州、妙義山、秩父の山々、その奥に富士山、八ヶ岳など数えきれない。360度の大展望をゆっくり楽しもう。

下山は往路を戻り、**二度上峠登山口**に下る。（荒井 光）

東吾妻町
わらび平へ
荒れている
浅間隠山
1757
1494
群馬県
長野原町
わらび平分岐
急坂
北軽井沢へ
1538
主稜線鞍部
ジグザグの道
広々とした道
1528
尾根
高崎市
国道406号、倉渕、高崎へ
Start Goal
二度上峠下登山口
1335m
WC
54
1336
大白峰
1483
二度上峠
鼻曲山へ
1:24,000

CHECK POINT

① 浅間隠山登山口。二度上峠の1キロほど手前に「浅間隠山まで90分、2.1キロ」の標識がある。標高1335メートル

② 涸れ沢沿いに樹林の道を登り、尾根に出て少し歩くと浅間隠山への標識がある

③ 主稜線鞍部からしばらくの間は、ササの茂った斜面をジグザグに登っていく

④ 最後の急坂を登るとわらび平方面との分岐に出る。踏跡が北東方面にのびているが荒れている

⑤ ササの間につけられた山頂へのびる稜線の道。夏はマツムシソウやノアザミが咲く

⑥ 浅間隠山山頂には山名表示、三角点、山座同定盤、石の祠がある

44

秘湯と浅間山の展望が楽しめる山

鼻曲山

はなまがりやま
1655m

日帰り

歩行時間＝4時間50分
歩行距離＝8・8km

技術度

体力度

コース定数＝22

標高差＝683m

累積標高差 ↗1010m ↘1010m

鼻曲山は群馬県と長野県の境を南北にのびる尾根上の一峰である。この変わった名前の由来は、山頂が北側に傾いていて、鼻が曲がっているように見えることからといわれている。ここでは、秘湯の霧積温泉を基点に、山頂の大天狗、小天狗を往復するコースをたどることにしよう。

駐車場からは、霧積温泉金湯館の看板を見て、見通しの悪い樹林の中を3分ほど進むと橋が現れる。ここからホイホイ坂への登りが林道まで続くが、時期によっては道端にギンリョウソウが見られる。ホイホイ坂を登りきると金湯館へ向かう林道に出る。ここを左に30メートルほど進んだ先が鼻曲山の登山道となる。

鼻曲山登山口にある黄色い看板にしたがって雑木林の中を進む。すぐにカラマツ林の道となり、少し開けた窪地地形をすぎると木の間に対岸の山並みが見える尾根筋の道となる。

尾根沿いの道はよく整備され歩きやすい。しばらくすると、角落山への道を右に分ける**十六曲峠の分岐**に出るが、そのまま進む。途中ブナの巨木が迎えてくれる道を進むと**霧積のぞき**に着く。この先を左側に登り、急登5分ほどのピークを越えて進む。背の高いササの茂る道がしばらく続く。ササが低くなり、歩きやすくなったあと、急な登りとなる。ロープを使って登るザレた急斜面も待っているので注意して登ろう。

右手に浅間隠山が見えてくるとすぐに留夫山への道を分ける分岐、**鼻曲峠**に出る。なだらかな稜線を進み、大天狗が間近に迫るとここから最後の急登だ。息が切れ

■鉄道・バス

往路・復路＝JR信越本線横川駅下車。タクシーを利用する。

■マイカー

上信越自動車道松井田妙義ICを降り、国道18号を軽井沢方向に進む。碓氷峠鉄道文化むらをすぎて左へ碓氷峠旧道に入る。坂本宿をすぎた先の玉屋ドライブイン手前を右に入り、細い道を走り、8・5キロで霧積温泉の駐車場となる。

■登山適期

春から初夏にかけての木々の芽吹きの時期、10月中旬ごろの紅葉の時期の散策が気持ちよい。真夏は、途中背の高いササの道が続くため、暑く感じる。冬は上級者向きとなり充分な装備が必要だ。

■アドバイス

▽JR横川駅からの公共交通機関はない。タクシーを利用して30分だが、マイカーの方が便利。

▽展望は小天狗の方がよい。

▽二度上峠から氷妻山経由で鼻曲山へ往復することも可能(3時間30分)。

▽霧積温泉では駐車場から約30分のところにある湯元金湯館（☎027・395・3851）で入浴、宿泊が可能。

■問合せ先

安中市役所松井田支所☎027・382・1111、安中市観光機構☎027・329・6203、ツバ

↑二度上峠へ向かう道から鼻曲山を見る

←4等三角点のある小天狗から浅間山を望む

るところには、鼻曲山山頂の大天狗に到着する。

大天狗からは東への展望が望めるが、さらに展望を求めるなら100㍍ほど先の小天狗まで足をのばそう。**小天狗**からは浅間山（あさまやま）、浅間隠山をはじめ、360度の大パノラマが開ける。

充分に展望を満喫したら、来た道を戻ろう。大天狗からの下りは荒れてすべるので慎重に。

（安藤英文・城代隆良）

メタクシー☎027・393・1181

■2万5000分ノ1地形図 軽井沢

氷妻山、二度上峠へ
•1416
•1249
高崎市
霧積のぞき
登山道に木が張り出し、足もとが切れている 歩行注意
ブナの巨木
十六曲峠
鼻曲山
小天狗 1655
大天狗
急坂
1316mピーク
十六曲峠分岐
鼻曲峠
1602
背の高いササの道が続く
霧積温泉
霧積川を渡るとホイホイ坂の登りになる
ホイホイ坂
鼻曲山登山口
長日向へ
群馬県 安中市
•1486
長野県 軽井沢町
霧積温泉駐車場 942m
Start Goal
留夫山 1591
一ノ字山へ
横川へ
1:40,000

CHECK POINT

1 霧積温泉駐車場は20台ほど駐車できる。駐車場脇に旧きりづみ館の水車が残る

2 ホイホイ坂が林道に出合ったところから金湯館方向30㍍に登山口がある

3 角落山へのコースを右に分ける十六曲峠の分岐。鼻曲山はそのまま道沿いに進む

4 落葉の時期は、霧積のぞきから左下方向に温泉が望める。すぐ先を左の急坂へ

5 鼻曲峠へ向かう急坂。ロープが張られているが、非常にすべりやすい坂なので、慎重に行動しよう

6 鼻曲峠には案内板が立ち、留夫山への稜線上の道を分ける。近辺からは浅間隠山が見える

45

角落火山群の伝説と信仰の山

角落山・剣の峰

つのおちやま　1393m
けんのみね　1430m

日帰り

歩行時間＝6時間20分
歩行距離＝11.1km

技術度 ▲▲▲
体力度 ♥♥

コース定数＝**26**

標高差＝600m

累積標高差 ↗1027m ↘1027m

平安時代の武将・源頼光の四天王の一人である碓氷貞光が鬼と闘い、貞光が鬼の角を切り落とすと、鬼が命からがら逃げこんだと伝わる角落山は、天狗信仰の山としても崇められている。剣の峰には落城の際に落ちのびた市姫が一夜をすごしたあとに敵に見つかり自害したが、市姫は白いコウモリに化身したという伝えが残る里宮洞窟もある。

角落山（左）と剣の峰（右）

ここでは、赤沢林道を歩き、女坂コースを往復するコースを紹介しよう。赤沢林道は崩れやすく、通行が禁止されていることが多い。駐車地を林道内に求める場合は事前に確認した方がよい。

はまゆう山荘前で国道406号から別れ、南に下る**林道に入る**。広鈴橋を渡り、雨ん坊主山登山口、白沢出合をすぎ、**赤沢橋**を渡ったところで林道が二分する。左へ川沿いに林道赤沢線を行くと終点広場の**登山口**に着く。

ガレ沢の中を200メートルほどで矢印に導かれ左に上がり、再びガレ沢となるが、これも左に上がると、

剣の峰の先、2分ほどのところから望む鼻曲山と奥に浅間山。ここからは、西から北そして東にかけての展望が得られる

■**鉄道・バス**
往路・復路＝JR高崎駅よりタクシー利用となる。

■**マイカー**
関越自動車道前橋ICから国道17号で高崎へ。高崎環状線、国道406号、県道54号を約1時間で登山口のはまゆう山荘。空いていれば、はまゆう山荘の駐車場を利用できる。駐車する場合ははまゆう山荘のフロントに連絡すること。林道が通行可能であれば、雨ん坊主登山口、白沢出合、赤沢橋にそれぞれ2～3台、林道終点には十数台駐車可能。

■**登山適期**
4～6月、9～11月。5月の新緑、11月の紅葉の時期が特によい。

■**アドバイス**
▽剣の峰は傾斜が急で足もともあまりよくない。高度感のある岩場の通過もある。下りでは特に慎重に行動してほしい。
▽はまゆう山荘（☎027・378・2333）の敷地内から湧出している温泉は「美肌の湯」として知られている。山行の汗を流すのによい。

■**問合せ先**
高崎市役所倉渕支所☎027・378・3111、上信ハイヤー☎027・322・1212

■**25000分ノ1地形図**
浅間隠山・軽井沢

小さな尾根を乗り越して剣の峰の岩壁の下を横切る。ここにはクサリやロープが張られている。ササの生い茂る中をわずかで、右に剣の峰、左に角落山の道標のある**分岐**の鞍部に出る。

まずは左に角落山を目指す。最初はなだらかだが、200㍍ほどで高低差100㍍の急登がはじまる。傾斜が緩むと、ひとがんばりで山頂標識と社のある**角落山**山頂である。この社には学業成就の願いをこめた木剣が奉納されている。山頂からはピラミッド状の姿が美しい浅間隠山をはじめ、剣の峰、鼻曲山、浅間山、四阿山、草津白根山、谷川連峰、榛名山、武尊山、赤城山などすばらしい展望が得られる。

分岐の鞍部まで戻り、剣の峰を目指す。すぐに岩場となり、左に横切ってクサリに取り付く。ここは、帰りにクサリを下りたあと、岩壁を横切らずに谷に向かって下りたくなってしまうので注意。木の枝・ロープを頼るような急傾斜となるが、慎重に登っていく。傾斜が緩めば遭難碑の石板のある前剣の峰だ。いったん下って登り返すと**剣の峰**で、ここにも遭難碑がある。数分先で西から北にかけての展望を得ることができる。下山は往路を戻る。

（長岡 篤）

はまゆう山荘
国道406号、権田、高崎へ
林道入口
830m
広鈴橋
Start Goal
54
烏川
雨ん坊主登山口
白沢出合
0.25
二度上峠、軽井沢へ
塩沢川
川浦林道
赤沢橋
•1116
群馬県
高崎市
900
赤沢林道
1000
赤沢川
岩がゴロゴロした沢中を行く
沢を左に上がる
剣の峰の岩の下を横切る
1121•
N
0 500m
1:30,000
0.55 0.40
1100
角落山
1393
1200
0.35 0.25
短いクサリ
林道終点登山口
0.50 0.40
分岐
沢を登りつめる
新緑、紅葉が美しい
岩場のトラバースとクサリ。下山時に。谷に入り込まないように
1300
0.50 0.35
剣の峰
剣の峰展望台
東ノ峰
0.02
1430
十六曲峠、霧積温泉へ

CHECK POINT

林道終点の登山口。堰堤を右から越えてガレた沢に入る。手前には車十数台が置けそうな広場がある

登山口から200㍍ほど岩のゴロゴロした沢を行き、黄色のペンキに導かれ、沢から左に上がる

登山口から40分ほどの沢を登りつめたところ。広葉樹の新緑、紅葉が美しい

剣の峰の岩の下を通る地点。クサリやロープが張られている。足もとに注意して通過する

角落山へ400㍍と剣の峰へ500㍍の表示のある道標のある分岐。角落山へは左裏側に下っていく道を行く

角落山頂の社。学業成就の願いをこめた木剣が奉納されている。鳥居もあり男坂への登山道が続いている

46

日帰り

岩稜のスリルと大展望を楽しむ

丁須の頭（裏妙義）

ちょうすのかしら
1057m

歩行時間＝6時間
歩行距離＝7・1km

技術度 ▲▲▲▲△
体力度 ♥♥♡♡♡

コース定数＝23
標高差＝660m
累積標高差 ↗944m ↘944m

裏妙義主脈（左から谷急山、烏帽子岩、赤岩、丁須の頭）、遠景は浅間山

丁須の頭

妙義山は、いくつものピークを含んだ山域の総称である。奇峰・奇岩の岩峰群で構成された変化に富んだ山容で、北東に開いたU字形をしており、南側を表妙義、北側を裏妙義とよんでいる。ここでは裏妙義縦走ルートである丁須の頭～三方境の周回コースを紹介する、岩場のスリルと大展望を楽しもう。

国民宿舎裏妙義跡から登山道に入ってしばらく杉林の中を進むと、巨岩がゴロゴロした沢床に出る。岩につけられた黄色い目印を見ながら登っていく。両側から大岩壁が迫ったところが**木戸**で、大岩のクサリ場となる。左手に烏帽子沢を分け、目印と標識に導かれて沢筋の岩場を高度を上げていくと、ルンゼ状の2箇所のクサリ場となり、登りきれば稜線に飛び出す。右へ御岳コースを分け直進、岩を巻くように2箇所のクサリ場を横切ると**丁須の頭**の基部に着く。

丁須の頭は頂上までクサリが設置されているが、一般登山者は登

■鉄道・バス
往路・復路＝JR信越本線横川駅下車、タクシー（要予約／構内タクシー磯部営業所☎027・385・6850）。徒歩の場合は1時間20分。

■マイカー
上信越自動車道松井田妙義ICを降り、国道18号を軽井沢方面に進み、横川の信号を左折。道なりに妙義湖の案内板にしたがって妙義湖に向かう。湖をすぎるとまもなく国民宿舎裏妙義跡に着く。

■登山適期
年間を通してよいが、新緑の4月下旬～5月、紅葉の11月上～中旬がベスト。冬期に降雪したら、岩場がすべりやすく危険。夏場はヒルに注意。

■アドバイス
▽岩場歩きやクサリ場でのストックの使用は危険なので事前収納を。
▽御岳コースはクサリ場が多く、経験者との同行が望ましい。できれば登りコースに取りたい。登山口～御岳～丁須の頭まで3時間30分。
▽鍵沢コースは沢筋を登る一般コースで、主に下りに利用されることが多い。丁須の頭～第二不動の滝～下山口まで1時間30分。

■問合せ先
安中市役所松井田支所☎027・382・1111

■2万5000分ノ1地形図
南軽井沢

るのは危険なので、肩の部分までとしよう。基部からも３６０度のパノラマが広がる。

パノラマを堪能したら本コース核心部である縦走路に入る。最初の難関は約20メートルのチムニーの下りだ。ほぼ垂直のクサリ場で、足場はしっかりしているが、慎重に下ろう。さらに進むと**赤岩の基部**(あかいわ)に到着する。ここからクサリ場の連続となる。赤岩南壁を横切る地点は、垂直の岩壁に平行につけられたクサリ場や、足場として金属製の板が設置されているクサリ場が続く。ここをすぎると赤岩見晴に着くのでひと息入れよう。

七人星(しちにんぼし)、烏帽子岩(えぼしいわ)の岩峰群を越えて行くと**風穴尾根ノ頭**(ふうけつおねあたま)に出る。岩の上から振り返れば、歩いてきたコースが一望できる。

樹林帯となった尾根を下っていくと、案内板が設置された**三方境**の分岐に着く、案内板にしたがい、分岐を左折して単調なジグザグ道を下っていく。やがて登山口のある林道に出る。（倉崎富治）

風穴尾根ノ頭から歩いてきたコースを振り返る

CHECK POINT

1
旧国民宿舎裏妙義の左側の舗装された林道を約250メートル進んだ右側に、籠沢登山道入口がある

2
左右から岩壁が迫る木戸。左側の岩壁に沿った狭い岩場を通り抜け、大岩をよじ登る

3
丁須の頭からは、表妙義岩峰群や浅間山、赤城山、榛名山など360度の大展望が得られる

4
赤岩では垂直岩壁に取り付けられたクサリや金属板の足場を頼りに進む

5
三方境。ここから植林された杉林の巡視路を下って登山口まで戻る

47

奇岩が林立する日本三奇勝

表妙義自然探勝路（中間道）

日帰り

歩行時間＝4時間15分
歩行距離＝8・0km

技術度

体力度

おもてみょうぎしぜんたんしょうろ（ちゅうかんどう）
852m（第4石門）

コース定数＝19

標高差＝455m

累積標高差 865m 865m

妙義カントリークラブより妙義山全景を望む（右より白雲山、金洞山、金鶏山）

妙義山は赤城山、榛名山とともに上毛三山に数えられる名峰である。切り立つ絶壁が鋸型の峰をつくり、中腹は奇岩、怪石に富み、日本三奇勝のひとつになっている。

登山道は体力と経験が必要な山頂縦走の上級登山道、「関東ふれあいの道」となっている一般道、一部中級登山道もある。ここでは一般道の中間道を紹介する。

妙義神社下にある**妙義神社参道入口**より大鳥居に向かう。国の重要文化財の妙義神社はぜひ参拝しよう。本社左手から登山道に入る。スギの大木の中を急登すると**第1見晴**に着く。金鶏山や関東平野が眺められる。数mほどの落差で水を落としている大黒の滝をすぎ、しばらく行くと**第2見晴**に着く。金鶏山、筆頭岩、金洞山、相馬岳、天狗岳が一望できるが、岩場なので注意したい。ここから高巻きし、さらに進むと自然石の**本読みの僧**がある。この地点は自然探勝路の中間点である。登り下りを繰り返しながら雑木林の中を行くと**あずまや**に出る。ここから金鶏橋に下山できるが一般道ではない。一般道は右に向かう。

やがて約170段の鉄階段で岩稜を登る。手すりがあるので慎重に行動すれば心配はない。まもなく金洞山直下の岩の下を通っていくと大砲岩への分岐に着く。ここ

日暮しの景（第4石門の岩場より）

■鉄道・バス
往路・復路＝JR信越本線松井田駅からタクシーを利用（約10分）。

■マイカー
上信越自動車道松井田妙義ICより登山者用駐車場まで約5分。

■登山適期
おすすめはサクラと紅葉の時期だが年間を通して楽しめる。サクラは4月中旬～5月上旬、紅葉は10月下旬～11月下旬。

■アドバイス
▽雨天時や凍結時はすべりやすいので要注意。
▽妙義山南面の山麓に広がる「さくらの里」は45種5000本のサクラが植えられていて、4月中旬から1ヶ月間、時期をずらして咲く。
▽2024年4月現在、第2見晴付近の鉄階段および第4石門入口から大砲岩分岐範囲内が通行止めとなっている。詳細は群馬県自然環境課☎027・226・2871へ。
▽妙義神社は時間をかけて拝観したい。4月上旬、境内、参道のシダレザクラはみごとである。

■問合せ先
富岡市役所観光交流課☎0274・73・2585、富岡市観光協会☎0274・62・6001、ツバメタクシー☎027・393・1181

■25000分ノ1地形図
松井田・南軽井沢

からは別世界である。奇岩、怪石が林立し、自然の偉大さ、不思議さ、美しさに圧倒される。日の暮れるまで見ていてもあきないことから、「日暮らしの景」ともよばれている。**第4石門**を通して見える大砲岩とゆるぎ岩は絶好の撮影ポイントになる。第4石門下は広場になっていて、あずまややベンチがあるのでゆっくりと大自然の造形美を楽しもう。

第3石門は往復、第2石門から第1石門は岩場なので自信のない人は第2石門前で安全な道で下る。**石門入口**からは車道、一本杉入口、金鶏橋、車道を通って**妙義神社参道入口**に戻る。（須加照代）

1 妙義神社のシダレザクラは樹齢200年あまりの古木。4月上旬に花を咲かせる

2 黒漆塗権現造りの荘厳な妙義神社本社。唐門、総門と並び国の重要文化財

3 自然探勝路の中間地点にある本読みの僧

4 あずまやから大人場、金鶏橋へと下山できるが転石が多くすべりやすいので注意

5 鉄階段は、手すりを持ちながら登れば安心だ

6 長年の風化、浸食によってできた自然の石門。石門の窓からは大砲岩とゆるぎ岩が見える

7 「たてばり」とよばれる第二石門。自信のない人は第二石門には行かず、安全な道を下ろう

8 石門入口。石門めぐりのクサリ場は春・秋の週末・祝日などは渋滞になることがある

9 さくらの里きのこ館より望む金洞山

48

奇岩のジジとババの待つ岩山

御堂山

みどうやま
879m

日帰り

歩行時間＝3時間45分
歩行距離＝6・6km

技術度 2/5
体力度 1/5

↑ジジ岩、ババ岩の岩峰群はどこから見てもみごとだ

←国道254号から望む御堂山とジジ岩、ババ岩

コース定数＝16

標高差＝429m

累積標高差 ↗718m ↘718m

かつては中山道の姫街道（脇往還）の宿場町であった下仁田町本宿。その北方に、気になる岩峰が2つある。ジジ岩とババ岩だ。東日本大震災の揺れにも耐えた2つの岩峰と、入り組んだ尾根道をもつ御堂山は地図読みの訓練もおもしろい。

町営バスに乗り国道254号の**藤井入口バス停**で下車。西牧（藤井）関所跡から作業道西ノ入線に入る。イノシシ除けの電気柵をまたぐと「群馬百名山・御堂山登山口」の道標がある。沢に沿った未舗装の作業道はしだいに荒れ、草が深くなってくる。

最初の分岐は右の本線を行く。道は沢のようにえぐられている。**涸れ沢の二俣**は左の涸れ沢を登

■鉄道・バス
往路・復路＝上信電鉄下仁田駅下車、町営バス市野萱行きまたは初鳥屋行きに乗り、藤井入口バス停下車。

■マイカー
上信越自動車道下仁田ICから国道254号を利用、姫街道案内板手前右に5台の駐車スペースあり。

■登山適期
通年可能だが、6～9月はヒルに注意。紅葉は10月下旬～11月中旬。4月10日ごろにトウゴクミツバツツジが咲く。

■アドバイス
▽道の駅しもにたは農産物などが豊富、地元の情報収集に役立つ。
▽下仁田町馬山の「あぶだ福寿草の里」では2月下旬から福寿草が、3月上旬に紅梅が咲く（下仁田町観光協会☎0274・67・7500）。

■問合せ先
下仁田町役場商工観光課☎0274・82・2111、しもにたバス☎0274・82・5038

■2万5000分ノ1地形図
南軽井沢・荒船山

る。ゴロゴロした不安定な石を登ると5㍍ほどの小さな滝に出合う。滝の右側には足場が切ってありロープもあるが、コケが生えてすべりやすいので注意しよう。さらに涸れ沢を登り、傾斜が緩むころ**鞍部**に出る。一隅に自然の倒木を利用したベンチがある。

南にのびるやせ尾根を下り、岩場に突き当たったら西に回りこむ。赤テープの目印を登りあげたところが**ジジ岩・ババ岩の展望岩**だ。自然の造りあげた味わいのある表情を鑑賞しよう。

鞍部まで戻り、雑木の急斜面を登る。ここから山頂までは尾根が複雑に入り組んでいるので、地図と地形をよく確認しながら注意深く進もう。尾根から杉林の中を左に横切ったところが**高石峠分岐**で、ここから北へロープに助けられながら登りつめれば**御堂山**山頂だ。3等三角点のある山頂からは表妙義（おもてみょうぎ）の山々が正面に見える。

帰りは往路を戻るが、時間に余裕があり、健脚者なら、高石峠から端正な三角錐の雨宮山に登り、根小屋に下るのもよい。（小林　功）

雨宮山 823
高石峠
獣道同然の不鮮明な道
御堂山 879
尾根をはずれないように
高石峠分岐
作業道を行く
水道施設跡
紀元二千六百年碑
根小屋バス停
小出屋
根小屋
群馬県
下仁田町
鞍部
展望岩
ジジ岩
ババ岩
小滝
涸れ沢の二俣
左の涸れ沢を登る
右を登る
作業道分岐
帝釈岩
作業道に入る
姫街道案内板
駐車スペースあり
西牧（藤井）関所跡
本宿
西牧川
藤井
藤井入口バス停
350m
Start Goal
軽井沢へ
内山峠、佐久へ
下仁田市街、下仁田ICへ
1:30,000

CHECK POINT

藤井入口バス停には、姫街道の案内図がある

史跡・藤井関所跡の右を入る

涸れ沢の分岐には道標もある。登山道は左の涸れ沢を登る

小滝は右の足場とロープを利用して慎重に登ろう

鞍部にある倒木利用のベンチでひと休み

ジジ岩（右）、ババ岩（左）の展望岩にて、しばし自然の造形美を味わう

高石峠の分岐案内板。高石峠へは杉林の中にあるトレースを探し歩く

御堂山山頂からは枝越しに表妙義の山々が見える。付近は熊棚があるので注意

49

鍬柄岳(石尊山)・大桁山

西上州の入口を守るスリルと展望の岩峰

日帰り

歩行時間＝4時間30分
歩行距離＝10・2km

技術度 ●●●○○
体力度 ●●○○○

くわがらだけ(せきそんさん) 598m
おおげたやま 836m

コース定数＝21
標高差＝601m
累積標高差 ↗901m ↘901m

上信越自動車道を佐久方面に車を走らせると、下仁田IC付近で、たおやかな大桁山とその肩に突き出した岩峰・鍬柄岳が目に入る。地元では石尊山ともよび、毎年9月に梵天が奉納される。小さな岩峰だが、山椒は小粒でピリリと辛い……そんな山だ。この2座をセットで登ろう。大桁山と鍬柄岳の2座を登る場合は大桁山から先に登りたい。

上信電鉄**千平駅**から関東ふれあいの道の道標に導かれ、石垣の美しい、下仁田ネギやこんにゃくの段々畑の間を2キロほど奥へ行くと**鍬柄岳（石尊山）登山口**だ。道は舗装されているが狭い。右奥には5台ほどの駐車スペースがある。大桁山へは林道をそのまま進む。1キロほど歩くと大桁やすらぎの森駐車場で、ここにはトイレもある。この先は登山道で車は入れない。

しばらく登り、川後石峠へと続く林道（舗装路）に出て、1キロほどで5差路の**川後石峠**に着く。南に砂利の林道を行くとスギの美林の中に関

↑鍬柄岳の岩壁を登る。岩壁越しに鹿岳、四ッ又山が見える
←鍬柄岳の岩壁を彩る清楚なヒカゲツツジ

■**鉄道・バス**
往路・復路＝上信電鉄千平駅を利用。

■**マイカー**
上信越自動車道下仁田ICから国道254号を佐久・下仁田方面へ進み、県道48号を右折、鏑川を渡ったら県道195号を左折、千平駅を目指す。千平駅から関東ふれあいの道に入り、鍬柄岳登山口の駐車スペースか、大桁やすらぎの森駐車場を利用。

■**登山適期**
通年可能だが、積雪期や雨天時はクサリがすべるので要注意。

■**アドバイス**
▽鍬柄岳の岩壁は、初心者にはザイル確保をしたい。
▽例年4月10日ごろには鍬柄岳北面の岩壁でヤシオツツジが、尾根筋の岩間にはミツバツツジ、ヒカゲツツジが咲く。
▽9月の第1日曜には阿夫利神社の例大祭が行われ、地元集落ごとに大きな幟（梵天）が奉納される。
▽国道254号沿いの道の駅しもにたは、農産物などが豊富、情報収集に役立つ。

■**問合せ先**
富岡市役所観光交流課☎0274・62・5439、下仁田町役場商工観光課☎0274・82・2111

■**2万5000分ノ1地形図**
下仁田

東ふれあいの道の道標がある。右の坂道を登り、尾根から急な階段を登ると**大桁山**山頂に登り着く。枝越しに妙義山の絶壁が見える。

下山は林道と交わる手前の道標を目印に南の鍬柄岳を目指す。尾根通しに急坂を下ると鉄の階段がある。作業道の切通しから再び尾根道に上がると鍬柄岳の西の基部に突き当たる。道標にしたがいここを南に回りこむと東側の**鍬柄岳基部**で登山道と合流する。この先からは100mもの長いステンレスのクサリがつけられた絶壁の登りだ。足もとには下仁田や富岡の街並みが広がり、鹿岳や四ツ又山も目の高さに見える。岩稜の東北に出ると今度はやせ尾根をクサリづたいに登る。飛び出た**鍬柄岳**の山頂広場には3基の石祠が祀られている。9月には奉納された大きな梵天（幟）が風にたなびく。360度さえぎるもののない西上州の山々の大展望を存分に満喫しよう。

下山は長いクサリを慎重に下り、大きな剣の奉納された阿夫利神社に参拝し、**登山口**を経て往路を戻る。（小林 功）

下仁田の町から大桁山を望む。左下の岩山が鍬柄岳。右下は破風山

CHECK POINT

みごとな石垣の段々畑が続く。下仁田名産こんにゃくや殿様ネギが栽培される

川後石峠の五差路では、道標にしたがい南の未舗装の作業道に入る

大桁山山頂はベンチもありのんびりできる。北には枝越しに妙義山も見える

鍬柄岳に向かう尾根の途中に林道の切通しがあり、鉄の階段を下る

高度感ある鍬柄岳の岩壁。ステンレスのクサリは長いが、足場はしっかりしている

西上州の大展望を堪能できる鍬柄岳の山頂

50

荒船山

荒波を行く船のような特異な山容で人気を集める山

日帰り

あらふねやま
1423m（経塚山）

歩行時間＝3時間40分
歩行距離＝8・5㎞

技術度
体力度

コース定数	＝**18**
標高差	＝363m
累積標高差	↗864m ↘864m

群馬県と長野県の県境にある荒船山は、山頂部が平らで船のような特異な山容をもち、西上州の山々の中からもすぐに見つけ出すことができる。近寄ると、そそり立つ岩壁に圧倒され、険しい山道を想像するが、登山道はよく整備され、思いのほか歩きやすい。

内山峠登山口は広い駐車場の奥に大きな案内板があり、登山道は下りからはじまる。小さなアップダウンを繰り返して登っていくと、上部がせり出した大きな岩が現れる。鋏岩修験道場跡だ。さらに進むと登山口から約1時間で**一杯水**の水場に着く。水場にかかる橋を渡るとそこから上は岩場となっていて、危険箇所が続く。すべりやすいので慎重に足を運ぼう。笹原が広がりはじめたら、そこはもう頂上台地だ。左側は危険なので登山道をはずさないようにしよう。少し歩けば艫岩の大展望が待っている。

方位盤のある**艫岩展望台**は北側が開け、正面に大きな浅間山が、空気が澄んでいれば北アルプスも見わたせる。眼下の曲がりくねった国道254号が箱庭のようで手をのばしたくなるが、展望台は切り立った絶壁の上なので、くれぐれも足もとには注意のこと。

展望を楽しんだら経塚山を目指そう。艫岩のそばのあずまやをすぎるとすぐに相沢口分岐となるが、そのまま平坦な道を直進する。途

↑国道254号の群馬県側、内山トンネル手前から見上げた艫岩の大岩壁

←稲含山の駐車場から見た荒船山。右端が艫岩、左端が経塚山。船のような山容がよくわかる

■鉄道・バス
往路・復路＝上信電鉄下仁田駅から町営バスで市野萱バス停下車。内山峠まで徒歩3時間となるためタクシーかマイカー利用が便利。

■マイカー
マイカーの場合、下仁田ICを降りて国道254号を佐久方面へ向かう。内山トンネル手前の神津牧場の案内板を右へ。登りきったT字路を左へ行くと内山峠。

■登山適期
4月下旬～5月上旬の新緑のころはヤマザクラやツツジが、初夏にはズミやクリンソウなどが咲く。10月下旬～11月初旬は紅葉が美しい。

■アドバイス
▽人気の山なので登山シーズンは広い駐車場が満車になる。
▽山中にトイレはないので、用をすませてから入山してほしい。

■問い合せ
下仁田町役場商工観光課☎0274・82・2111、佐久市役所観光課☎0267・62・2111、上信ハイヤー☎0274・82・2429、成和タクシー☎0274・82・2078

■2万5000分ノ1地形図
荒船山・信濃田口

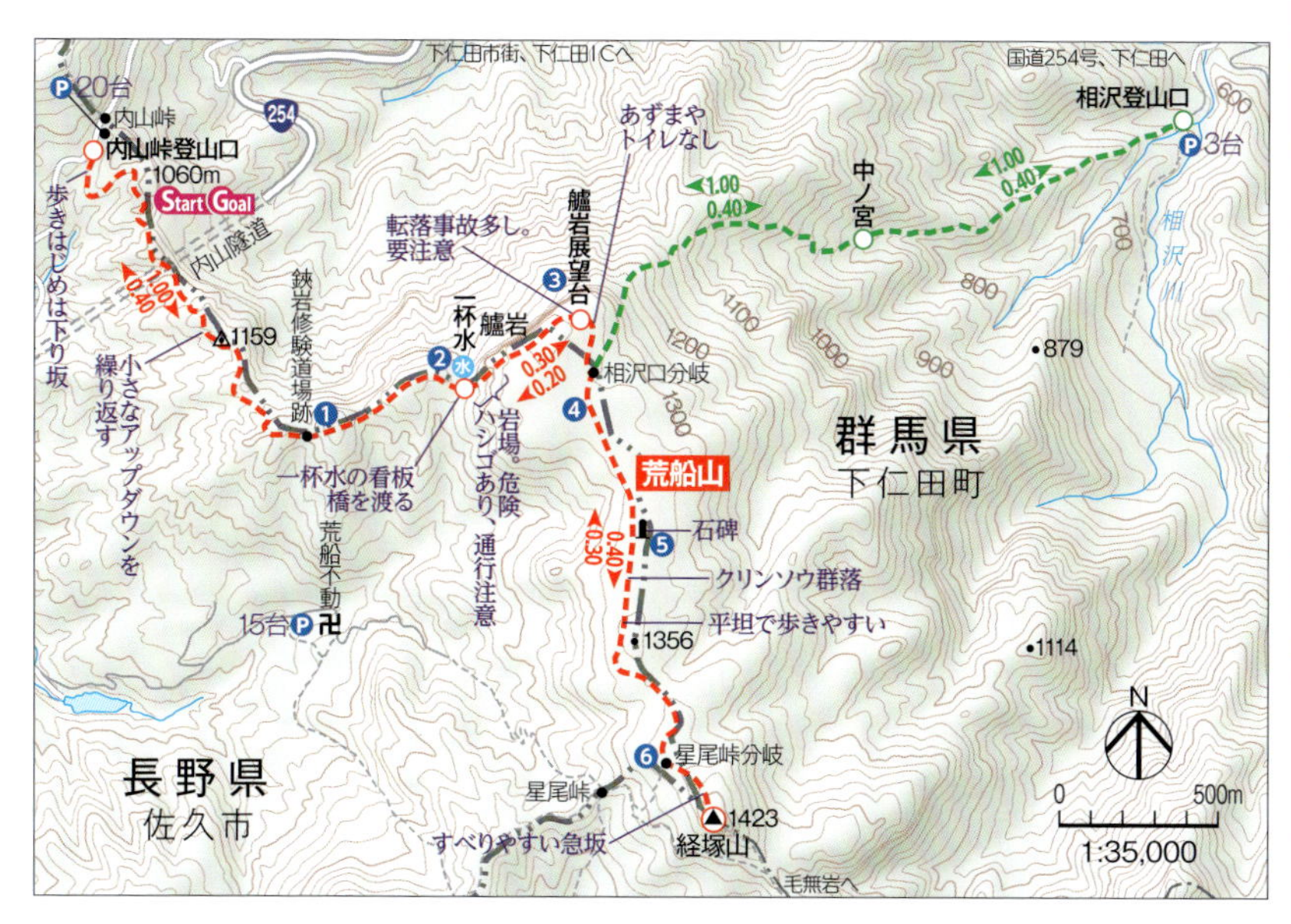

中左手に「皇朝最古修武之地」の石碑があり、古からの伝承が刻まれている。平坦な道にあきてくるころ、艫岩から約30分で星尾峠分岐へ着く。ここから経塚山へは急坂をひと登りだ。石祠のある**経塚山**山頂は木立に囲まれ、残念ながら展望はあまりよくない。ひと休みしたら来た道をゆっくり下山しよう。

なお、近くに世界文化遺産の荒船風穴があるので、時間が許せば寄ってみたい。また、下仁田町の荒船の湯で汗を流すのもよい。

（田部井悦子）

↑初夏、頂上台地に咲くクリンソウ

←艫岩展望台から見た浅間山と国道254号。紅葉のころは特に美しい

CHECK POINT

1 鋏岩修験道場跡。大きく張り出した岩の下は少し広くなっていて休憩によい。登山道は右へ行く

2 一杯水（水場）の橋を渡ると岩場となり、危険箇所が続く。慎重に通過しよう

3 艫岩展望台。正面の浅間山が特に美しい。切り立った崖の上なので足もとに充分注意する

4 相沢登山口分岐を直進する。しばらく平坦な道を行く

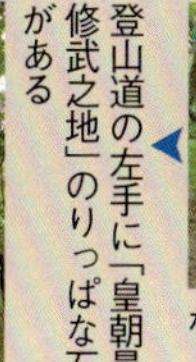

5 登山道の左手に「皇朝最古修武之地」のりっぱな石碑がある

6 経塚山山頂。祠のある山頂は木立に囲まれていて、残念ながら展望はあまりよくない

51

立岩

クサリとやせ尾根のスリルを楽しむ岩峰

たついわ
1265m

日帰り

歩行時間＝3時間20分
歩行距離＝5・1km

技術度
体力度

コース定数 =14	
標高差 =525m	
累積標高差	620m / 620m

南牧村には、岩峰を擁する山が多々あるが、立岩は「西上州のドロミテ」ともいわれ、岩とやせ尾根をあわせもつ変化に富んだ魅力的なコースである。

南牧村羽根沢の生涯学習センターを線ヶ滝方面に右折し、星尾の集落を経て、線ヶ滝をすぎると車道終点が**登山口**である。

沢にかけられた丸太橋を渡ると案内板が設置されている。左は星尾峠を経て荒船山への道。右に進み、沢を渡る。杉林を行き、**威怒牟幾不動の分岐**を右の立岩直登コースに進む。しばらくスギや雑木林の展望のない登りを行くと、立岩の道標がある。長いロープや丸太の階段を登ると長いクサリがあるガ**レ場**に着く。浮石が多いので、落石に注意しながら登りきると、岩壁に斜めの岩棚が現れる。太いクサリを頼りに狭い足場をしっかり乗って、**稜線鞍部**に出る。ここにはベンチが置かれているのでひと休みしたい。

立岩山頂へは雑木林の中を北に向かい、登り下りを繰り返しながらやせ尾根に出る。右に行けば立岩山頂だが、左手に展望のよい岩峰があり、晴れた日には遠く八ヶ岳などが一望できる。やせ尾根から木彫りの地蔵尊脇をすぎると**西立岩**山頂だ。

山頂は岩峰上とは思えない、のどかな場所だ。開けた北側からは、荒船山や浅間山を望むことができ、春にはツツジ、アオダモの花が咲く。西上州の展望は山頂から

■鉄道・バス
往路・復路＝上信電鉄下仁田駅から南牧バス勧能行き約35分で羽根沢下車。登山口まで徒歩約1時間10分。

■マイカー
上信越道下仁田ICから国道254号、県道45号、93号、201号と走り、約40分。終点の道脇に7～8台駐車可能。

■登山適期
5～6月のアオダモ、ヒカゲツツジ、フタリシズカの花と新緑の時期。10月下旬～11月上旬の紅葉期がベスト。

■アドバイス
▽晴れた日、遠方には残雪の八ヶ岳が見える

▽登山口の手前約1・7キロの諏訪神社に隣接してトイレが新設された。

八ヶ岳連峰を遠望する

■問合せ先
南牧村役場情報観光課☎0274・87・2011、南牧バス・雨沢ハイヤー☎0274・87・2323

■2万5000分ノ1地形図
荒船山

北側が開けた山頂からは、荒船山、浅間山など直近の山々が一望できる

星尾大橋付近から見上げる立岩は屏風のような山容

少し東に下った、ベンチの置かれている展望台の方がよい。

展望台からはクサリやロープが連続する岩場を下降すると、右側が開けたやせ尾根となる。まもなく20mを超える2本の**クサリ**がついた岩場を登り、やせ尾根をすぎれば気分の安らぐ雑木林となる。**荒船山への分岐**を左に進み、つづら折りの杉林を下れば、**威怒牟幾不動**をすぎてあずまやに着く。

不動から荒船山への分岐を経て、スギ、ヒノキの樹林を下れば、やがて**登山口**に戻る。（寺島 淳）

1 線ヶ滝をすぎると車道の終点となり、登山口がある

2 威怒牟幾不動と立岩直登コースへの分岐

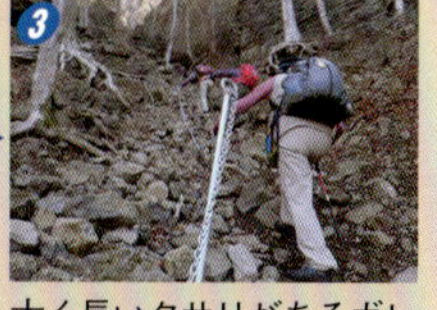

3 太く長いクサリがあるガレ場。浮石が多いので落石に注意

4 20m超の急登のクサリ場。3点確保を心がけて慎重に登ろう

5 雑木林の中を行く尾根歩き。新緑の時期はヤマツツジやシラカバがまぶしい

6 大岩壁からしたたり落ちる「威怒牟幾不動の滝」下のあずまや

52

黒瀧山

スリルある岩峰、奇岩・怪石と抜群の展望、山岳信仰の山

日帰り

くろたきさん
８８０m（観音岩）

歩行時間＝４時間５分
歩行距離＝４・１km

技術度

体力度

コース定数＝14

標高差＝332m

累積標高差 479m 479m

黒瀧山不動寺の背後に鎮座する日東・星中・月西の三岩峰と紅葉のコントラストはみごと。背後は鹿岳

黒瀧山とは、山岳信仰霊場と千余年の歴史を重ねる黒瀧山不動寺を中心に、観音岩、九十九谷、馬の背、鷹ノ巣山、幕岩などの山全体をいう。山の魅力は岩峰と春のアカヤシオ、ミツバツツジ、ヤマツツジ、ヤマザクラ、新緑と秋の紅葉だ。

上底瀬の**黒瀧山登山口駐車場**を出て、左へ集落の中の舗装道路を少し進むと、**黒瀧山登山口**の看板が右に見えてくる。橋を渡って右に進むと、ほどなく六車から下仁田に抜ける広域林道（工事中）と合流する。斜面の石垣を見ながら進むと馬の背渡りと不動寺の分岐がある峠に出る。そこを左に下り、**黒瀧山不動寺**を散策する。

峠まで戻って、左折、すぐに馬の背渡りになるが、現在ではかつて修行が行われていた荒々しい岩場も、クサリと鉄バシゴが設置されている。スリルを味わい、安全を確保しながら登ると、やがて見晴岩に着く。展望を楽しんだら、少し戻って観音岩に向かう。登山道上に小さな祠があり、**九十九谷への分岐**の標識が立っているところを直進すると**観音岩**に到着する。頂上には観音像と、周辺の岩

■鉄道・バス・タクシー
往路・復路＝上信電鉄下仁田駅から南牧バスに乗り、六車バス停下車。バス停から上底瀬登山口まで徒歩55分。タクシーは下仁田駅から30分。

■マイカー
上信越自動車道を下仁田ICで降り、国道２５４号、県道45号で南牧村へ。県道93号の六車バス停の先を右折し、底瀬川沿いを走り、上底瀬駐車場へ40分。

■登山適期
アカヤシオの咲く早春、新緑、紅葉のころが最適。積雪期は不適。

■アドバイス
▽バスは途中下車となるので、タクシーを利用するかマイカーでのアクセスがよい。マイカーの場合、上底瀬までの道路は、不動寺までの道路より安全。

▽馬の背渡りのクサリ場・鉄バシゴ、見晴岩、観音岩、九十九谷、鷹ノ巣山などは安全確保が必要。

▽黒瀧山不動寺は１３００年ほど前の奈良時代がはじまりで、標高８７０メートルの黒瀧山に建つ山岳信仰の霊場。今は全国に２００余りの末寺をもつ黄檗宗（おうばくしゅう）黒瀧派

不動寺の鐘楼

陰に33体の石仏が奉じられている。岩の上は360度の展望が開け、北方には特徴ある山容の四ツ又山、鹿岳、奥には妙義山など、西上州の山々が望める。眼下には、岩壁に囲まれた不動寺が見え、春には新緑、秋には紅葉に溶けこむすばらしい景観を見せてくれる。

九十九谷分岐まで戻り、下っていくと、右下に九十九谷の岩壁群が広がり、上底瀬の集落も確認できる。やがて下底瀬と鷹の巣山の分岐に出て鷹の巣山方面に進むと、九十九谷の岩壁が見わたせる絶好のポイントがある。さらに進み、上底瀬と鷹の巣山の分岐を直進し、**鷹ノ巣山**に登る。行き止まりの岩峰の頂上からは、直下に下底瀬の集落が一望できる。

分岐まで戻り、針葉樹の急坂を下る。やがて道祖神のある九十九谷登山口に出て、車道を右に上がると**上底瀬の駐車場**に戻ることができる。

（今井英夫・原島昌司）

黒瀧山不動寺
峠 752
202
下仁田へ
指導標あり
馬の背渡り
見晴岩
黒瀧山
黒瀧山登山口
上底瀬
九十九谷分岐
黒瀧山登山口駐車場 548m
Start Goal
九十九谷
観音岩 880
幕岩
九十九谷登山口
鷹ノ巣山 767
群馬県
南牧村
焼山峠
0 500m
1:20,000
南牧村中心部、下仁田へ

CHECK POINT

上底瀬の駐車場から「黒瀧山登山口」の案内板がある橋を渡って登山道へ

峠の分岐をすぎると「関東の高野山」とよばれる黒瀧山不動寺だ

足がすくむ難所続きの馬の背わたり。前後の人との間隔をとり、三点支持で登る

360度の眺望が広がる観音岩の頂。西上州の名山が展望できる

鷹ノ巣山頂上

上底瀬の九十九谷登山口

新緑が眩しい九十九谷の岩壁と上底瀬の集落

の総本山。参拝は午前8時から午後4時まで。お札もあり、希望者には電話予約により座禅もできる。

▽マイカーで不動寺に行く場合は、下仁田方面から県道45号を小沢橋で右折する。幅員が狭いので運転に注意。不動寺を起・終点に峠から馬の背渡り、観音岩を往復してもよい。

■問合せ先

南牧村役場情報観光課☎0274・87・2011、黒瀧山不動寺☎0274・87・3037、南牧バス☎0274・87・2323、南牧タクシー☎0274・87・2108

■2万5000分ノ1地形図

荒船山

53

スリルと展望の岩峰縦走コース

四ッ又山・鹿岳

よつまたやま 900m
かなたけ 1015m

日帰り

歩行時間＝5時間50分
歩行距離＝6・3km

技術度
体力度

コース定数 ＝22
標高差 ＝580m
累積標高差 ↗930m ↘930m

上信越自動車道下仁田IC付近から四ッ又山、鹿岳を望む

上信越自動車道を下仁田ICで降り、国道254号を下仁田町に向かって少し走ると、左に鋸歯状の尾根と、右にラクダのコブのような2つの岩峰をもつ山塊が見えてくる。南牧村と下仁田町の境に位置する四ッ又山と鹿岳である。春はアカヤシオや新緑、秋は燃えるような紅葉に彩られ、沢筋にある多くの小滝も心和ませてくれる。

下高原の**鹿岳駐車場**から10分ほど先の民家脇が**登山口**である。沢沿いのスギの植林帯が広葉樹林に変わり、傾斜がきつくなると、まもなく一ノ岳と二ノ岳の**鞍部**に出る。鞍部から右につけられたハシゴを登ると、約10分で**一ノ岳**に着く。山頂には摩利支天の石碑があり、南東に四ッ又山、北にはこれから登る二ノ岳が眼前に見える。

一ノ岳から鞍部に戻り、やせ尾根を二ノ岳へ向かう。岩場の急斜面をハシゴやクサリを頼りに慎重に登る。山頂は眺望もよく一ノ岳よりも高いので、こちらが**鹿岳**山頂である。

再び**鞍部**に戻り、分岐を四ッ又

■鉄道・バス
往路・復路＝上信電鉄下仁田駅から南牧バスで小沢橋下車、徒歩1時間。

■マイカー
上信越自動車道下仁田ICから国道254号を下仁田方面へ。踏切を渡り、2つ目の信号を左折する。新合ノ瀬橋を右折して南牧村に入り、小沢橋を渡ったら左折、大久保集落をすぎて左側が鹿岳駐車場。

■アドバイス
▽鞍部から二ノ岳への登りは垂直に近いハシゴ、クサリ場、階段状の岩場などが続くので、濡れているときや下りは特に慎重に。

■問合せ先
南牧村役場情報観光課☎0274・87・2011、上信電鉄☎027・323・8073、南牧バス・雨沢ハイヤー☎0274・87・2323、南牧タクシー☎0274・87・2108

■2万5000分ノ1地形図
荒船山

山、大久保方面に進む。ロープに沿って一ノ岳を回りこみながら下るとマメガタ峠に着く。ここは広場になっていて休憩するにはよい。

峠から急登に注意しながら四ッ又山に向かう。**四ッ又山**はマメガタ峠からは第Ⅳ峰、第Ⅲ峰、第Ⅱ峰、第Ⅰ峰の順に4つの峰からなり、それぞれのピークに石祠、石像仏などが安置されている。第Ⅱ峰は巻き道になるのでピークがわかりにくい。

下山は大天狗峠を目指して南へ向かう。**大天狗峠**からは分岐の標識にしたがい、木の人形のある大久保へ向かう。**四ッ又山登山口**に下り立ち、車道を右折して集落をすぎ、切り立った岩を両側に見ながら歩けば、まもなく起点の**鹿岳駐車場**に戻る。

（薗田富美雄）

CHECK POINT

1 標識の奥にある人家と物置の間が登山口である

2 一ノ岳山頂へは鞍部から右側へハシゴを越え、急傾斜を慎重に登る

3 鞍部と二ノ岳の間は、木製のハシゴやクサリ場の急登、急下降となる

4 マメガタ峠は広く、休憩にはよい場所だ

5 四ッ又山山頂は鹿岳を一望できる。石像仏は木曽の御嶽山方面に向いている

6 大久保の四ッ又山登山口。木の人形が笑顔で迎えてくれる。6台駐車可能

54

名瀑を越え、西上州のマッターホルンへ

大岩・三段の滝

おおいわ　1133m
さんだんのたき

日帰り

歩行時間＝4時間40分
歩行距離＝5・8㎞

技術度
体力度

コース定数＝18
標高差＝591m
累積標高差　779m　779m

南牧村役場付近から、西の空に槍のように見えるのが碧岩、その左に樹木をまといそびえ立つ岩峰が「西上州のマッターホルン」とよばれる大岩である。

道は**三段の滝の駐車場**奥から、居合沢沿いの遊歩道になっており、三段の滝までは、よく整備された道である。居合沢のコンクリ壁の鉄階段を上がり、明るい広葉樹林に囲まれた橋を数回渡る。木の橋はすべりやすいので注意しよう。春はスミレやヒトリシズカなどが道端に見られる。

約30分進むと、正面に12段ほどの鉄バシゴが現れる。左側の沢は小滝となっている。さらに先の頑丈な鉄製の橋を渡ると、すぐに三段の滝が真正面に見える。落差50メートル、「南牧三名瀑」のひとつだ。その滝を囲む景色は四季折々に味わい深く、しばし言葉を失うほどに美しい。

ここから先は登山道になる。滝の右側を登りきると、左の岩壁の道に補助ロープが現れる。すべりやすい岩なので注意して進むこと。**三段の滝**の上部となり、沢伝いに先へ進む。「直進で二子岩、左へ碧岩・大岩」の道標が出てくる。碧岩沢との沢出合である。碧岩・大岩方面へ約15分、標高870メートル前後の**碧岩分岐**まで登る。ここで北東方面の斜面に取り付く。注意深く見ると赤いテープなどがある。

急傾斜を高度約50メートル上げると支尾根に着く。このあたりから、西上州の花であるひとつばなが現れ

南牧村役場付近から西の空に槍のごとく突き上げる碧岩（右）と西上州のマッターホルンといわれる大岩（大岩）

三段の滝を望む

■鉄道・バス
往路・復路＝上信電鉄下仁田駅からタクシーまたは南牧バスで勧能バス停まで行き、熊倉川沿いに先へ約15分ほどの歩きで、三段の滝入口駐車場に着く。

■マイカー
下仁田ICで降り、国道254号の下仁田町から、県道45・93号とつないで南牧村へ。三段の滝入口の駐車場は5台ほど駐車可。

■登山適期
4～6月の春や新緑の時期がよい。ヒガケツツジ、ひとつばな（アカヤシオ）、ヤマザクラの木花はもちろん、登山道に咲くスミレ、ヒトリシズカなどの草花にも目をやりたい。秋の紅葉は11月上旬～下旬。積雪は少ないが、厳冬期の滝周辺は凍結して危険なので特に注意。

ひとつばな咲く大岩から荒船山方面を見る

CHECK POINT

1

滝までは遊歩道で、鉄製のハシゴも設置され、歩きやすい。木の橋は注意すること。足もとには季節によりスミレなどが咲き乱れる

2

滝の上部はすべりやすい岩壁を横切る道で、ロープがあるが、細心の注意を要する

3

道標のある二子岩・碧岩分岐。右の沢道は二子岩・ククリ岩へ。ここは左へ登っていく

4

碧岩沢途中から、斜面に取り付く。支尾根に着くとトレースが明確になり、ひとつばなのトンネルを登ると、碧岩鞍部に着く

5

大岩の取付。両手両足を使った三点支持で慎重に登ること。時にはロープで確保もする

る。支尾根稜線を東から北へ回りこむように登ると**碧岩への鞍部**に着く（碧岩はアドバイス参照）。

大岩へは南東へ約10分の**三叉分岐**を左折し、北への支尾根をひとつやりすごし、先の小岩を左に回りこみ、大岩の肩に着く。ここからは、振り返ると碧岩の鋭鋒が絶景だ。新緑とひとつばなも美しい。山頂直下は右に回りこむか、直登するかで**大岩**山頂だ。木立に囲まれているが、少し東へ移動すれば、西上州（にしじょうしゅう）の山々がすべて展望できる。南牧集落も箱庭のように見下ろせる。

下山は最初は往路を下るが、直下は高度感があるので、必要によりロープ確保しよう。**三叉分岐**で南西へ直進し、ケルンのある**尾根下降点**を右折する。落石に注意しながら、**碧岩分岐**をすぎ、二子岩・碧岩分岐に着く。

（前野立穂・中田滋）

■アドバイス

▽碧岩は山慣れた経験者向き。鞍部から最初の岩を右に回りこみ、次に左に回りこむと垂直の岩峰基部の取付となる。約10メートルの垂直の壁でロープが下がっている。細心の注意と上級者の支援を得て登ること。急な登りを回りこんで山頂に着く。途中、対面の大岩の岩峰がすばらしい。山頂からの展望はいうまでもない。下山時に使用したい岩登り用の装備や安全を考えた準備をして登ること。

■問い合せ先

南牧村役場情報観光課☎0274・87・2011、南牧バス・雨沢ハイヤー☎0274・87・2323、南牧タクシー☎0274・87・2108

■2万5000分ノ1地形図

十石峠

55

三ッ岩岳

みついわたけ
1032m

山肌を彩るアカヤシオ。秋の紅葉もみごと

日帰り

歩行時間＝2時間30分
歩行距離＝2・7km

技術度
体力度

コース定数＝10
標高差＝387m
累積標高差 413m 413m

山肌を彩るアカヤシオが一段とはえる

南牧川の支流、大仁田川の奥に大仁田ダムをはさんで2つの岩峰が対峙している。北西側が三ッ岩岳、南東側は烏帽子岳である。

南牧村大日向地区から南牧川沿いを行き、雨沢で左折する。大仁田、奥ノ萱を経て、川沿いを登り、ダム下の**竜王里宮登山口**に着く。

登山道は竜王の里宮から祠の前に流れこむ小さな沢沿いに続く。10分ほどで**分岐**となり、道は二手に分かれる。右は竜王大権現コースだが、直進して沢に沿って進む。途中林道に出て、左に行くと**南西鞍部**に着く。

鞍部から右の尾根を登り、2つほどピークを越える。突き当たった**大岩**は右側を巻いて岩の上に出る。次の岩場は、左側を巻く。岩の北面は唯一の難所だ。15メートルのロープがあり、ツツジの群落に出会う。さらに右に8メートルほど斜上する。

急登がひとしきり続き、ツツジのトンネルを通って主稜に出ると、竜王大権現からの道が合流して北に向かう。まもなく三角点のある

■鉄道・バス
往路・復路＝上信電鉄下仁田駅から南牧バス勧能行きに乗車し、雨沢バス停下車。雨沢から登山口の竜王里宮まで徒歩約1時間。

■マイカー
上信越自動車道下仁田ICから県道下仁田臼田線を雨沢で左折。約4・2キロで登山口に着く。

■登山適期
4～6月、9～11月。低山ながら静かな山歩きが楽しめる。冬枯れの山歩きもよい。

■アドバイス
▽登山口には竜王の里宮が祀られている。竜王大権現分岐には案内標識がある。
▽大岩の先には唯一のロープ場がある。

■問合せ先
南牧村役場情報観光課☎0274・87・2011、南牧バス・雨沢タクシー☎0274・87・2323

■2万5000分ノ1地形図
十石峠

大仁田ダムから見る初秋の三ッ岩岳

三ッ岩岳山頂だ。ツツジなどの灌木に囲まれ、4月中旬には山肌を埋めつくすアカヤシオの一群が見られる。もちろん秋の紅葉期も楽しめる。360度の展望で、荒船山、妙義山、立岩、鹿岳、四ッ又山、毛無岩など西上州の山並みと、その奥に浅間山なども見わたせる。

下山は、主稜を南東に急下降する。途中、大仁田ダムを見わたすことができ、山頂を振り返るとアカヤシオがすばらしい。道標にしたがって下ると、岩峰の左下に**竜王大権現**が祀られる祠がある。右の急斜面を下って杉林に出ると20分ほどで登りに通った沢コースに**合流**し、まもなく**登山口**に下り着く。

（橋本克彦）

CHECK POINT

1 竜王里宮登山口。大仁田ダム下の駐車場でトイレもある

2 竜王大権現コースと尾根コースの二手に分かれる案内標識

3 秋、南西尾根の登りは紅葉がはえ、いろどりを添える

4 ツツジの花が咲く中、急坂のロープを頼りに登る

5 山頂は、アカヤシオが咲き誇る絶好の展望台

6 岩峰の下に竜王大権現が祀られる祠がある

山頂よりアカヤシオを見ながら下る

56

烏帽子岳

稜線の岩肌を染める「ひとつばな」と展望の岩峰

えぼしだけ 1182m

日帰り

歩行時間＝2時間50分
歩行距離＝3㎞

技術度
体力度

コース定数	＝12
標高差	＝520m
累積標高差	↗530m ↘530m

烏帽子岳は西上州を代表する岩峰のひとつで、大仁田川の上流、甘楽郡南牧村と多野郡上野村の郡境にそびえる。その名の通り、見る方向によってはまさに烏帽子の形をしていて、鋭い頂稜を虚空に突き上げている。頂上は360度の大パノラマで、奇峰を連ねた妙義山はじめとした西上州の山々や、噴煙をなびかせる浅間山までも一望することができる。四季折々の景観が楽しめる山だが、烏帽子岳～マル～天狗岩へと続く南側の岩稜の一帯がひとつばな（アカヤシオ）で淡いピンクに染まる春先は特にみごとである。

大仁田集落から見上げる特徴的な形をした烏帽子岳

烏帽子のコル付近より山頂を見上げる

大仁田ダム下の新里宮橋の500㍍ほど先にある**シボツ沢登山口**から、沢沿いの登山道に入る。まもなくかつて上野村に通じていた黒川峠に向かう古い案内板支柱の残る二股を右方に分け、直進して登る。50分ほどで**奥の二股**に着く。ここを左に進み、やがてロープが設置された急斜面を落石に注意しながら登ると、30分ほどで分岐の**コル**に着く。左に進み、急斜面をロープや木の根につかまりながら10分ほど登りつめると、石祠が祀られる**烏帽子岳**頂上だ。

西上州の山々の眺望を満喫したら、下山は**コル**まで戻り、そのまま直進して**マル**に登

■**鉄道・バス**
往路・復路＝上信電鉄下仁田駅前から南牧バス勧能行きに乗り、雨沢で下車。雨沢橋から大仁田川に沿って登山口まで約5㌔。雨沢から登山口までタクシーも利用できる。

■**マイカー**
上信越自動車道下仁田ICから国道254号で下仁田方面へ、さらに県道45号、県道93号で南牧方面に向かう。雨沢橋を渡ったところで左折し、大仁田川沿いに遡れば御荷鉾スーパー林道に接続し、大仁田ダム下の新里宮橋から500㍍ほど進むと登山口の駐車場に着く。

■**登山適期**
アカヤシオが咲く4月下旬～5月初旬と秋の紅葉のころが特に美しい。積雪期を除けば遠望のきく冬もよい。

■**アドバイス**
▽時間があれば、マルから南東の岩稜をシラケ山まで足をのばすのもよい。ただし、この尾根は非常にやせてナイフリッジなどもあるため、経験者との同行が望ましい。シラケ山からの帰りに

岩稜を行く登山者

る。マルからは郡界尾根を西方に下っていく。下り着いた鞍部（**郡界尾根分岐**）では、右の沢に向かってジグザグの急勾配を、落石に注意しながら慎重に下る。すると登りで分けた**奥の二股**に到着する。

この先は、登ってきたシボツ沢沿いのコースをたどって**登山口**に戻る。

（中田 滋）

烏帽子岳頂上より北方の眺め。中央奥に鹿岳、その奥に妙義山を望む

CHECK POINT

大仁田ダム下、新里宮橋の脇にあるトイレ。登山口の駐車場に車を停める前に寄るとよい

シボツ沢登山口 。ここからシボツ沢に沿って樹林の中を奥の二股まで50分ほど登る

登山口から10分ほどの二股に、さびた標識の支柱が残されている（烏帽子岳へは直進する）

奥の二股付近は登山道が不鮮明で迷いやすい。烏帽子のコルへはここで左方へ分岐する

狭い烏帽子岳頂上からは、360度の西上州の山々の展望が待ち受ける

マル頂上は烏帽子岳より標高が40メートルほど高く、北面にはアカヤシオが群生している

は比較的安全な横道ルートが整備されているので、これを利用しよう。マルからシラケ山まで、往復約2時間40分。

▽登山口手前、大仁田ダム下の新里宮橋脇にトイレがある。ただし、このトイレは冬期使用不可となる。その時はダムサイト管理棟にあるトイレが使用できる。

■問合せ先

南牧村役場情報観光課☎0274・87・2011、南牧バス・雨沢ハイヤー☎0274・87・2323

■2万5000分ノ1地形図

十石峠

57

桧沢岳

岩峰と眺望を静かに楽しめる山

ひさわだけ
1134m

日帰り

歩行時間＝2時間50分
歩行距離＝3・5km

技術度

体力度

コース定数＝12

標高差＝464m

累積標高差 543m 543m

山頂付近に岩峰が見える桧沢岳の山容

　桧沢岳は南牧村の南東部に位置し、北の小沢岳と対峙している。交通の便が悪く、登山口までのアプローチが長いため、訪れる人は少なく、静かな山旅が満喫できる。コースは時計回りの周回コースがよい。通過の厳しいところには補助ロープがつけられているので問題はない。半日あれば充分楽しめるので、健脚者は西上州の山をもうひとつ登ることもできる。

　大森橋付近の駐車スペースから舗装道路を登っていくと、5分ほどで**周回コースの分岐**に着く。左に入り、5分ほど行くと民家に突き当たる。ここが**登山口**だ。右に入り、道なりに民家の脇を通る。発泡スチロールに書かれた道標と、ピンクのテープに導かれながら登る。補助ロープをたどってほどなくすると、白い大きなヒゲスリ岩が見える。

　見晴台には石祠があり、南西方面が見わたせる。見晴台からまもなく、補助ロープのつけられた**西のコル**に着く。コルからも補助ロープを頼りに山頂を目指す。

　桧沢岳西峰山頂には石祠があり、腰を下ろして休めるスペースがある。山頂からは、赤城山、榛名山、浅間山、八ヶ岳、そして条件がよければ北アルプスも見ることができる。なお、東峰は樹間越しの眺望になるので、展望はこちらで充分楽しんでいこう。

　西のコルまで戻り、ロープのつ

■鉄道・バス
往路・復路＝上信電鉄下仁田駅下車、南牧バスで磐戸橋下車、大森橋まで徒歩1時間30分。

■マイカー
下仁田ICで降り南牧村へ。磐戸橋を左折し上野村方面へ向かい、湯の沢トンネルまでは行かずに、新大倉大橋の手前で旧道に入る。大入道入口を右に見て直進、根草へ進むと大森橋に着く。大森橋を渡って路肩に駐車する。2、3台可能。

■登山適期
通年可能であるが、芽吹きからヤシオツツジが咲く春と紅葉の秋がおすすめ。積雪のあとや凍結する時期はスリップしやすいので危険。

■アドバイス
▽登山コースにはトイレ、水はない。桧沢大橋から2㌔に桧沢公衆トイレ(消防詰所)がある。
▽近年訪れる人が少ないようで、踏跡も少ない。要所にはピンクのテープがつけられているので確認すること。特に東峰から桧沢岳神社へ下るところは、沢沿いに下ってしまわないように注意したい。
▽湯の沢トンネルを出た上野村のやまびこ荘で入浴可能(24年現在休業中)。

■問合せ先
南牧村役場情報観光課☎0274・87・2011、南牧バス・雨沢ハイヤー☎0274・87・2323、南

見晴台から西方面を望む。遠く蓼科山や、遠望がきく日には槍ヶ岳も見える

いた岩場を通過して10分ほどで**東峰**山頂に着く。石灯籠と小さな社がある。

下山は社の裏を通り、大岩下の**桧沢岳神社**を通過して、東のコルに出る。下降点からピンクのマーカーに沿って桧林を下れば、**桧沢川**の徒渉ポイントに着く。左岸に渡り、林道に出て**大森橋**へ戻る。（稲村恭明）

牧タクシー☎0274・87・2108

■2万5000分ノ1地形図 神ヶ原・十石峠

群馬県
南牧村
桧沢岳
沢に沿って下降しないこと。テープ印に注意
⑦桧沢岳神社
ロープあり。滑るので注意
東峰 1134
⑤西峰
ロープあり。通過注意
東のコル
⑥
西のコル
倒木あり。下へ巻く
1000
下降点
④見晴台
ヒゲスリ岩
展望よし
900
ピンクのテープ
杉林の直登 ピンクのテープあり
わかりにくい
徒渉ポイント。テープ印あり
堰堤
800
⑧沢出合
登山口
県道45号、下仁田へ
②周回コース分岐
民家の軒先を登っていく
③桧沢岳登山口
道標あり
桧沢川
①大森橋
P 2~3台
Start Goal 670m
道標あり
塩ノ沢峠へ
N
0 300m
1:15,000
0.05 0.05 0.10 0.15 0.20 0.50 1.00 0.55 0.45 0.10 0.05 0.05

CHECK POINT

1 マイカー登山の起点となる大森橋。駐車スペースは桧沢川左岸の山側に路肩駐車する。道標あり

2 周回コースの分岐地点。時計回りのコースがおすすめ。逆コースは徒渉ポイントに入るところがわかりにくい

3 ガードレール脇に桧沢岳登山口の道標がある。民家の敷地を歩いていく感じだが、ここが登山口

4 見晴台。シラケ山や三ツ岩岳方面がよく見える。天気のよい日は八ヶ岳方面の北横岳や蓼科山も見える

5 桧沢岳西峰山頂。空の澄みわたったときには上毛三山をはじめ、北アルプス、八ヶ岳、谷川連峰なども見える

6 桧沢岳東峰山頂道標、石灯篭、社が建ち、樹に囲まれ展望はよくない。山頂スペースも狭い。三角点あり

7 桧沢岳神社。岩屋の中に社が祀られている。あずまやの下にテーブルや椅子もある

8 桧林をジグザグに下りていくと沢に出る。ピンクのテープを確認して徒渉する

58

ツツジと展望を楽しむ初級者向けの岩峰

天狗岩

てんぐいわ　1234m

日帰り

歩行時間＝2時間25分
歩行距離＝2・8km

技術度　体力度

コース定数＝10
標高差＝375m
累積標高差　↗419m　↘419m

シラケ山山頂より眺めるアカヤシオに彩られる天狗岩の全貌

天狗岩は上野村側から比較的簡単に登ることができ、西上州の山々の展望が楽しめる初級者向きの山である。湯の沢トンネルが開通して上信越自動車道下仁田ICから登山口まで30分ほどで行けるようになり、より身近な山となった。

登山口は駐車場から少し下がった地点にあり、沢沿いの杉林の斜面を登る。鉄橋を数回渡り、大きな岩壁の下を巻くように登っていくと、やがてプレハブ造りの古い**避難小屋**のある分岐に着く。ひと休みしたら左方への道を進み、沢を渡ってジグザグの急斜面を登る。沢を渡り返してしばらく行くとカラマツ林の中に入る。まもなく**天狗の岩洞**（おこもり岩）**の分岐**に着く。右に行くと中に祠が祀られている浅い洞窟（**天狗の岩洞**）があるので覗いていこう。

分岐に戻って、登っていくと**烏帽子岳への分岐**に着く。右上方に進み、急斜面を登りきると尾根分岐に出る。左へ進むと山頂の標識と石祠がある**天狗岩**山頂だ。さらに進むと鉄製の橋があり、その先が**展望岩**である。烏帽子岳や四ツ又山、鹿岳、妙義山など西上州の山々、遠くは浅間山まで、連なる山々が手にとるように見わたせる。シーズンには色とりどりのツツジが咲き誇り、みごとな景観だ。

天狗岩の頂上に戻り、尾根分岐から南方に30メートルほど行った**岩峰**の上からは上野村方面の風景や諏訪

■鉄道・バス
往路・復路＝JR高崎線新町駅から日本中央バスの上野村方面行きに乗り、上野村ふれあい館で下車。国道299号を佐久方面へ700メートル行ったところで右折し、約3キロ先の湯の沢トンネル手前で右の旧道に入り、塩ノ沢峠方面へ約3キロで登山口（バスは事前に要確認）。

■マイカー
上信越自動車道下仁田ICより南牧村経由で上野村に向かい、湯の沢トンネルをくぐり抜けたところで左の旧道に入り、塩ノ沢峠方面へ約3キロ行ったところが登山口。駐車場はすぐ先にあり、簡易トイレがある（下仁田ICから約24キロ、30分）。

■登山適期
岩峰に咲くアカヤシオは4月下旬が

中に石祠が祀られている天狗の岩洞（おこもり岩）

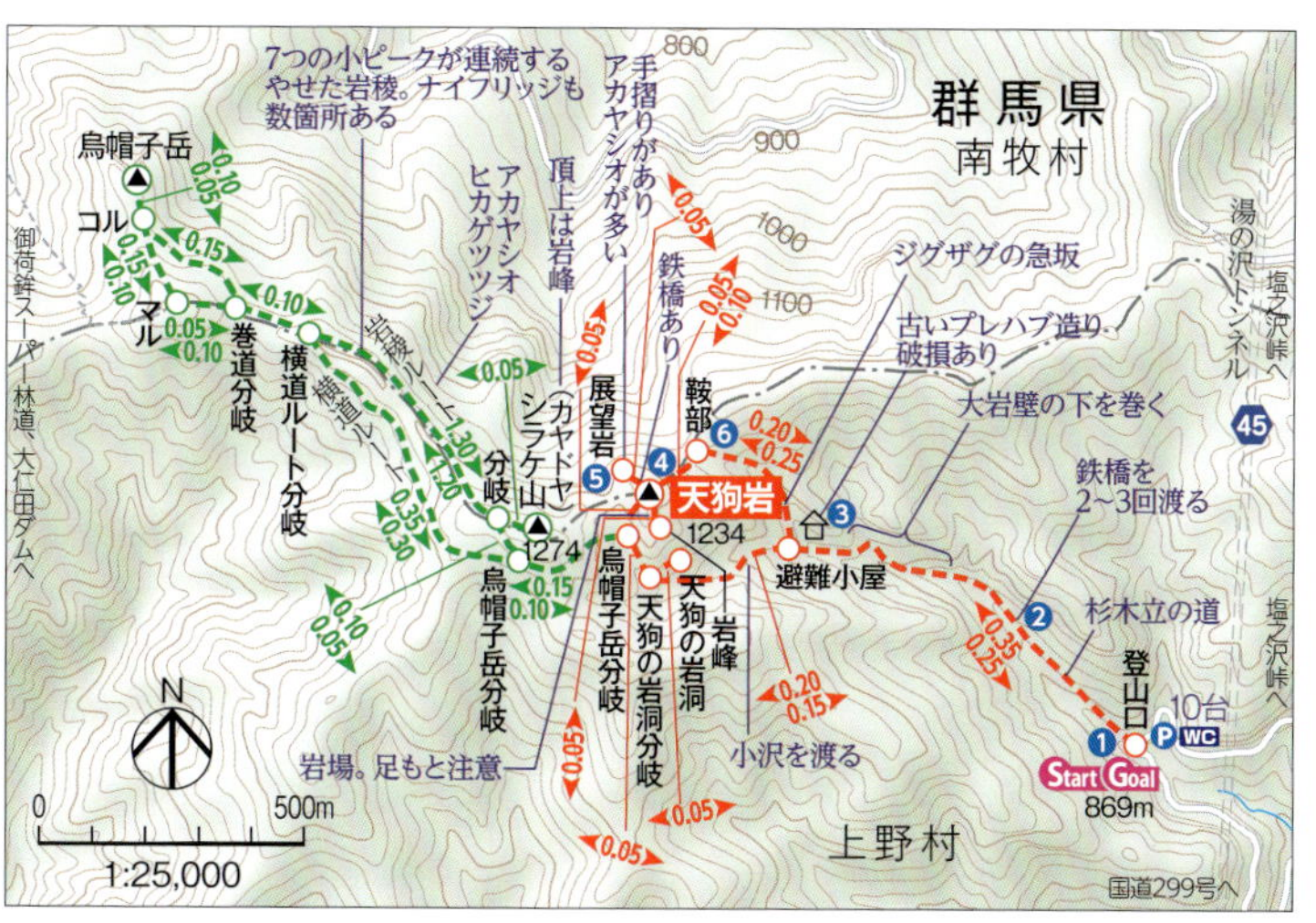

山、帳付山、天丸山、秩父の山並みの展望が開ける。

帰路は再び尾根分岐に戻り、今度は東方のルートに進み、沢状の中の急坂を下ると**鞍部**に着く。ここから右のカラマツ林の中を下ると、まもなく**避難小屋**に帰り着く。あとは**登山口**まで往路を戻る。

（中田　滋）

CHECK POINT

1 天狗岩登山口には表示板と天狗岩1.5キロと書かれた道標がある

2 沢沿いの登山道にかけられた鉄橋を数回渡る。この先大きな岩峰の基部を巻きながらのコースとなる

3 最初の分岐点にあるプレハブ造りの避難小屋。古く壊れかけている。ここは左の沢沿いの道を行く

4 天狗岩頂上には標識があり、石祠が祀られている。このあたりの岩峰全体を天狗岩と称するらしい

5 展望岩から北西方向を眺める。左からマル、その右の尖峰が烏帽子岳、遠くに上信国境の山並みを望む

6 天狗岩から北東方向に下った鞍部。ここを右に下れば登りで通過した分岐の避難小屋に着く

見ごろ。秋の紅葉は10月下旬～11月上旬がよい。

■アドバイス

▽時間に余裕があれば、天狗岩手前の烏帽子岳への分岐を西方向に進み、シラケ山南裾の烏帽子岳分岐を右方向に進むとシラケ山の頂上に立つことができる。ここから天狗岩や、マルから烏帽子岳へと続く岩稜を眺めるのもひと味違った景色を堪能できる。天狗岩手前の分岐からシラケ山まで往復すると約40分を要する。

▽シラケ山から先の烏帽子岳に向かうには、岩稜ルートと横道ルートがあり、岩稜ルートはやせたナイフリッジもある熟達者向きコースであるため、経験者との同行が望ましい。烏帽子岳まで往復すると周回ルートをたどった場合で約3時間。

▽湯の沢トンネルと登山口の間にあるやまびこ荘（☎0274・59・2027）で入浴可（24年現在休業中）。

▽楢原地区にある旧黒沢家住宅は国指定重要文化財で、19世紀中ごろの建築と考えられている。大規模な切妻建築で、大庄屋の特色を示し、旧家の面影がある。

■問合せ先

上野村役場振興課☎0274・59・2111、日本中央バス☎027・287・4422

■25000分ノ1地形図

十石峠

59

西上州の奇峰を360度楽しむ展望の山

稲含山

いなふくみやま
1370m

日帰り

歩行時間＝2時間30分
歩行距離＝3km

技術度

体力度

コース定数＝10

標高差＝367m

累積標高差 413m 413m

稲含神社を祀る稲含山を背にする山里・那須の里は「にほんの里100選」に選ばれており、小さな石垣の段々畑に、山村独特の食文化がある。

稲含山への道は、甘楽町の秋畑集落をすぎ、茂垣峠（鳥居峠）へ向かう。標高1000㍍付近の神の池公園が**登山口**である。大きな「稲含山登山案内図」が立っている。道標にしたがい南方向へ登山道を進む。標高差50㍍ほど登ると林道に交差する。そのまま横切ると、**一の鳥居**が現れる。右の尾根道と左の水平道の二股となるが、右の尾根道を送電線の鉄塔に向かう。さらに道なりに南西へ行くと、少し落ちこんだ場所に着く。ここが大きな赤い鳥居のある**茂垣峠**である。ここにも古い「登山道案内図」がある。

鳥居を潜り、ジグザグの急坂を登る。おおむね南西方向の稜線沿いである。大樹の根がつかむ大岩や太いウリハダカエデの木をすぎると、見晴らしのよいところに出る。ベンチがひとつあり、茂垣の集落が見下ろせる休憩地である。続いてすべりやすい急な岩場となるが、山側にりっぱなクサリがついている。

さらに進み、アセビの群落、木製の丸太の手すりのあるやせた鞍部をすぎると、「左へ秋畑稲含神社

↑秋畑那須集落の高台からは、信仰深い里山がよく見える

←山頂には円形の方位盤があり、山名が確認できる

■鉄道・バス

往路・復路＝上信電鉄福島駅から甘楽町のデマンドタクシー（要利用者登録・要予約）に乗り、那須バス停で下車。ここから神の池公園までは約6㌔、徒歩2時間。

■マイカー・タクシー

マイカーの場合、上信越自動車道富岡ICを降りて、県道45号を甘楽町小幡へ向かう。那須のバス停付近から右の林道へ入る。案内にしたがい神の池公園へ向かう。または下仁田ICで降り、下仁田栗山地区の高倉、茂垣集落経由で、神の池公園上部の峠駐車場に向かう。

■登山適期

4月下旬～5月上旬はアカヤシオが美しい。また、山頂下の稲含神社例大祭が5月3日に行われるので、その日は多くの人でにぎやかである。落葉後の12月上旬は空気が澄み、山頂での遠望がひときわよい。陽だまり登山には最適である。厳冬期は林道の閉鎖と凍った登山道に注意しなければならない。

■アドバイス

▽下山時、旧秋畑稲含神社の神の水場をすぎてまもなく、右に水平道となる分岐がある。15分ほどで「かんら名木10選」のケヤキがある。すばらしい大木で周辺の景色もよい。

▽那須の里村の集会所が、景色のよい段々畑の上部にあり、暖かい陽ざ

・右稲含神社／山頂」と記した道標のある**分岐**に着く。ここは右へ向かう。
　深く切れこんだ谷側に金網フェンスが続き、さらに進むと子育ての石仏に出合う。ここから急な石の階段となる。すぐヒノキの大木に囲まれた**稲含神社**に着く。赤い屋根の神社に一礼してUターン、神楽の舞台となる潜り門を出て東南方向のフェンスとクサリのある急な道を登ると**稲含山**頂上だ。円形の方位盤があり、鹿岳（かなたけ）、荒船山（あらふねやま）、黒瀧山（くろたきさん）、大岩（おおいわ）、桧沢岳（ひさわだけ）、赤久縄山（あかぐなやま）など西上州（にしじょうしゅう）の山々を360度見ることができ、山座同定が楽しめる。

　下山は道標のある**分岐**から西の方向に下る。急な下り道を南東方向へ標高差100㍍下ると**旧秋畑**（あきはた）**稲含神社**に着く。甘楽町史「稲含神社の起源」の説明板があり、古い社殿とともに歴史の重みを感じる。

　神社を出て左方向へ急な下りを行くと二の鳥居に着く。その先に**神の水場**がある。道なりにしばらく行くと大ケヤキ（夫婦ケヤキ）への分岐となる。神の池公園への

しの中で休息ができる。心が休まるので、ぜひ立ち寄ってみたい。

■問い合せ先
甘楽町役場産業課☎0274・74・3131、下仁田町役場商工観光課☎0274・82・2111、甘楽町デマンドタクシー☎0120・74・0013、上信ハイヤー富岡営業所☎0274・62・2621、甘楽ふるさと館☎0274・74・2660
■2万5000分ノ1地形図
神ケ原・下仁田

道標にしたがい、まっすぐ進むと**一の鳥居**に戻る。（前野立穂）

CHECK POINT

1 標高1000㍍地点にある「神の池公園」には大きな案内図とトイレがある。幅広い道で、端に数台の駐車が可能である

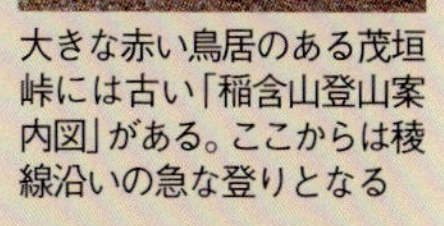
2 大きな赤い鳥居のある茂垣峠には古い「稲含山登山案内図」がある。ここからは稜線沿いの急な登りとなる

3 やせた鞍部は、頑丈な丸木の手すりがついている。低木に囲まれた気持ちよく、歩きやすい道である

4 石の階段が現れ、歩きはじめの手前山側に子育て観音の石仏がある。階段は狭いので、すべらないように注意

5 稲含神社はヒノキに囲まれたりっぱな神社で、神楽舞台となる潜り門がある。壁には地元小学校の校歌が貼付されている

6 旧秋畑稲含神社には、甘楽町史から引用される「神社の起源」の説明板がある

60

360度の展望とみごとなヤシオツツジ、そして紅葉

笠丸山

かさまるやま
1189m

日帰り

歩行時間＝2時間50分
歩行距離＝3・5km

技術度
体力度

コース定数＝**12**

標高差＝369m

累積標高差 519m 519m

住居附林道からは、笠丸山の突き出した山容がよく見える

岩稜の多い西上州の山の中で、笠丸山は奥深い山里の集落から穏やかな山歩きが味わえる貴重な山である。山頂では手入れの行き届いた祠が登山者を迎えてくれる。

住居附地区に、四季に合わせ、いつも美しいお花畑を楽しませてくれる最奥の民家がある。その前の住居附川にかかる**新高畑橋**から登る。橋の手前には、古い木製の「笠丸山登山道入口」と書かれた標識がある。ここが登山口だ。右にはりっぱな「林道住居附線」の看板がある。白いガードの橋を渡ると林道となるが、すぐに山道となり、「山菜取らないで!」の看板をすぎ、緩やかな登りとなる。

登山口の住居附集落には数軒の里山民家があり、畑やお花畑が美しい

左に沢音を聞きながら、杉林やカラマツ林に囲まれた山道を進む。道が南方に向かうところから急登となり、**地蔵峠**に着く。その名の通り、大木の根元に小さなかわいらしい石地蔵が祀られている。峠には「左へ笠丸山、右へ楢原・楢沢」の標識があり、作業林道が峠まで迫っている。

峠から尾根道を左に行く。最初のピークを右に回りこみ、鞍部（コル）へ。次に小さく登り、そしてさらに急登となると山頂の岩峰が見えてくる。道は頂上直下の岩峰に突き当たるので、左に回りこむ。

足もとに注意しながら、歩を進

■**鉄道・バス**
往路・復路＝JR高崎線新町駅から日本中央バスで神流町終点へ、上野村行きに乗り換え、乙母神社前の藤沢バス停で下車（登山口まで徒歩5㌔）。上信電鉄下仁田駅や西武鉄道の秩父駅からタクシー（下仁田駅からは約30分）を利用するのも便利。ただし、いずれも日帰りは難しい。

■**マイカー**
関越自動車道本庄児玉ICから鬼石・甘楽町経由で上野村に入り、父母トンネルの手前で右折、上野村役場をすぎ、住居附林道へ入る。2015年に崩壊した新笠丸橋は撤去され、2017年12月に完成した交互通行型の笠丸トンネルへ入る。トンネルをすぎるとすぐに住居附登山口に着く。上信越自動車道下仁田ICから県道45号を経由、桧沢神社から林道に入って、湯ノ丸トンネル出口からスーパー林道へ乗り、住居附へ入ることもできる。

■**登山適期**
4月下旬～5月上旬はアカヤシオとヒカゲツツジが期待できる。また、紅葉の10月下旬～11月上旬がよい。なお、冬期はスーパー林道が閉鎖となるので確認をすること。

■**アドバイス**
▽山頂三角点から西へ数十㍍進むと、切れこんだ崖の上の出る。スペースは狭いが、西上州の山々を堪能

めると、ロープが垂れ下がっていて、見上げるような木の根の登りとなる。手足を使い、慎重に登る。登りきったところが山頂稜線部の中間点だ。稜線が東西約100㍍のやせ尾根となっている。右に行くと、樹林から飛び出し、3等三角点の**笠丸山**（西峰）に着く。4月下旬にはアカヤシオが咲き誇り、360度の展望が楽しめる。西上州の山はもちろん秩父（ちちぶ）連峰や遠く八ヶ岳（やつがたけ）も見わたせる。

山頂からは稜線を戻り、東峰に向かう。この稜線の道はアカヤシオやヒカゲツツジがすばらしい。10分ほどで**東峰**に着く。樹林の中に祠がある静かで気持ちのよい山頂だ。

下山は祠に向かって右方向へ少し下る。すぐに道は北東方向の尾根となり、アセビの群生地をすぎ、杉林になると林道に出る。ここにも「**笠丸山登山道入口**」の標識がある。川沿いの道を左へ5分ほどで起点の**登山口**に戻る。

（前野立穂）

できる展望地である。

▽日帰り入浴は、ヴィラせせらぎ（☎0274・59・2585）、やまびこ荘（2024年現在休業中）、浜平温泉しおじの湯（☎0274・59・3955）など。

■問合せ先
上野村産業情報センター☎0274・20・7070、日本中央バス☎027・287・4422、上信ハイヤー（下仁田駅）☎0274・82・2429、秩父丸通タクシー（秩父市）☎0494・22・3633

■25000分ノ1地形図
神ケ原

大平、楢沢へ
N
0　500m
1:20,000
みかぼスーパー林道
塩之沢峠へ
•1047
笠丸山登山口入口の標識
820m Start Goal
1 新高畑橋
最奥の民家
P 7～8台
きれいなお花畑
住居附
0.55 0.45
0.05
6 笠丸山登山道入口
新笠トンネル
2017年12月に開通した交互通行のトンネル
カラマツ林に囲まれた山道
•990
900
1000
800
木の根の多い急坂。ロープあり。冬期は特に注意
2 地蔵峠
この根元に小地蔵が祀られる
1100
1.00 1.10
アセビの群落
0.40 0.30
5 東峰
群馬県
上野村
住居附沢川
4 笠丸山 西峰 1189
3 稜線中間点
三角点から西へ少し進むと崖の上の展望地となる
0.10
東面はヤシオツツジがみごと
上野村中心部へ

CHECK POINT

1 住居附集落最奥の民家の前に新高畑橋がある。四季に合わせ、お花畑や野菜畑がとても美しい

2 最初の急坂を登ると地蔵峠になる。指導標を確認できる。峠から西側を見れば、林道が近くまで通じている

3 山頂稜線の中間への登りは、急な坂道で、ロープを頼りに登り上げる。手がかり足がかりを確認して慎重に登ること

4 3等三角点がある笠丸山山頂は展望がすばらしい。秩父連山や、遠く八ヶ岳も見える

5 東峰には祠があり、集落の方向を向いている。地元にとっては大切な里山である

6 下山口には石灯籠と標識がある

61

西上州最奥の訪れる人も少ない静かな山

諏訪山

すわやま
1550m

日帰り

歩行時間＝6時間30分
歩行距離＝10・4km

技術度 ▲▲▲
体力度 ♥♥

コース定数＝**28**
標高差＝860m
累積標高差 ↗1211m ↘1211m

諏訪山は西上州の山の中でも最奥にある山で、途中にある岩峰のヤツウチグラからは360度のすばらしい展望が広がる。

登山口の上野村浜平へは上野ダム方面へ行き、浜平トンネルを抜けると左側に**登山口駐車場**がある。

虎王神社鳥居の脇を下り、大神楽沢を渡り、浜平集落からの道と合流する。廃屋の脇を通り、沢に下ってまもなく二俣に出て右の沢沿いに行き、対岸へ渡る。しおじの湯の源泉を左下に見て、しばらくして沢に下る。

堰堤を越え、荒れた沢の中を行くと、小滝が連続した沢をトラロープや桟橋で登る。何回か沢を渡り返すが、右の沢沿いに登っていくと、明るく開けた沢の源頭となる。つづら折りの急登で尾根に出れば正面の樹間からヤツウチグラの岩峰が見える。左折して岩場を越えれば、**湯ノ沢の頭**で楢原からのコースに合流する。

尾根や岩場を左

↑ヤツウチグラからの諏訪山

ヤシオツツジに彩られたヤツウチグラ

■鉄道・バス
往路・復路＝JR高崎線新町駅から日本中央バス奥多野線で砥根平下車。所要時間2時間。砥根平から登山口の浜平までは4・5キロある。バスは「しおじの湯」まで延長されている便があるので事前に確認のこと。上信電鉄下仁田駅から上野村楢原にある「ふれあい館」まで乗合タクシーが運行されている。

■マイカー
上信越自動車道下仁田ICから湯ノ沢トンネル経由で約30キロ。整備された駐車場があり、約30台、マイクロバスも可。簡易トイレも設置されている。

■登山適期
4月中旬～5月下旬はアカヤシオ、ミツバツツジ、ヒカゲツツジ、シャクナゲの花や新緑が美しい。10月中旬からの紅葉もおすすめ。

■アドバイス
▽湯ノ沢コースは沢の中を登るので増水時は注意が必要。
▽楢原にある「川の駅上野」(9～17時、月・火曜休)はふれあい館などの施設があり、観光案内や特産品の売店がある。また、発電所見学

川の駅

右に巻きながら行き、やがてやせ尾根をロープで急登すると展望が開ける。アカヤシオやヒカゲツツジ、シャクナゲの咲く岩場をハシゴやクサリで慎重に登る。岩場を少し下り、岩壁の基部に出て、樹林の中をハシゴで登り、岩稜を登れば諏訪山の前衛峰**ヤツウチグラ**だ。三笠山刀利天王の祠が建ち、八ケ岳や御座山、浅間山をはじめ、御荷鉾山、両神山、天丸山、帳付山など、西上州から秩父の山々を一望できる。

諏訪山へは南へ少し行き、ロープのある岩場を鞍部へ下る。樹林の尾根をたどり、いくつかのピークを越え、最後に急登すると、石祠と3等三角点をすぎたところで**諏訪山**山頂に着く。樹林に囲まれて展望はなく、標識があるだけの静かな山頂だ。

下山は往路を戻る。

（津久井照夫）

CHECK POINT

1 沢沿いの登山道

2 湯ノ沢の頭は楢原への分岐でもある

3 ヤシオツツジ咲くやせ尾根の岩稜

4 ヤツウチグラには三笠山神社があり、360度の展望が広がる

5 垂直の岩場を下る

6 諏訪山の山頂は樹林帯の中で展望はない

ツアーの発着場にもなっている（要事前予約）。

■問合せ先
上野村産業情報センター☎0274・20・7070（観光などの問合せ）、上野村役場☎0274・59・2111（乗合タクシーも）、日本中央バス☎027・287・4422、やまびこ荘（2024年4月現在休業中）☎0274・59・2027、ヴィラせせらぎ☎0274・59・2585、上野村ふれあい館☎0274・59・3223、浜平温泉しおじの湯☎0274・59・3955

■25000分ノ1地形図
浜平

62

古の峠越えの道をたどって登る岩峰二山

大ナゲシ・赤岩岳

おおなげし 1532m
あかいわだけ 1570m

日帰り

歩行時間＝6時間50分
歩行距離＝7・7km

技術度
体力度

コース定数＝26
標高差＝860m
累積標高差 ↗1119m ↘1119m

赤岩岳からの大ナゲシ

大ナゲシからの赤岩岳

大ナゲシと赤岩岳は群馬・埼玉県境の赤岩峠をはさんでそびえる岩峰だ。

国道299号で上野村に入り、新要橋手前で野栗沢方面へ左折し、野栗沢から胡桃平を経て**赤岩橋登山口**に着く。

林道終点からヒノキ林をロープで急登し、トラバース道を行き、沢に下りて、対岸へ渡る。ザレたトラバース道は急登でつかまる木もなく、足もとの沢は小滝が連続している。まもなく左からの沢にかかるパイプ橋を渡る。

沢の中を登り、正面に大絶壁を見ると**二俣**となり、左の涸沢の中の踏跡をたどる。沢から離れると道は鮮明になり、尾根へ急登すれば大ナゲシが見える。

岩壁の下を通り、尾根を乗越すと滝の音が聞こえ、足もとの沢は谷底も見えないほど**V字に切れ落ち**て、小滝が連続している。

涸沢の中を急登すれば「赤岩峠自動雨量観測所」の古い看板のある**雨量計跡**の尾根に出る。斜上する登山道を急登していくと県境尾根で祠のある**赤岩峠**に着く。

大ナゲシへは尾根を西へ

■鉄道・バス
往路・復路＝JR高崎線新町駅から日本中央バス奥多野線で上野村八幡バス停（新要橋手前）下車。新要橋から赤岩橋登山口まで約4・8キロ。上野村へは諏訪山や大山・天丸山・帳付山の項を参照。

■マイカー
上野村へは諏訪山や大山・天丸山・帳付山の項を参照。赤岩橋付近に駐車スペースが5〜6台ある。

■登山適期
4月中旬〜5月下旬はアカヤシオ、ミツバツツジ、シャクナゲの花や新緑が美しい。10月中旬からの紅葉もおすすめ。

■アドバイス
▽登山届が提出できた野栗沢温泉すりばち荘が廃業のため、登山届は群馬県警などに事前に提出しておく。
▽指導標が少なく道が不明瞭なところがあるので、経験者と同行するのが望ましい。
▽コースは沢の中を登るので増水時は注意が必要。
▽埼玉県側の小倉沢登山口から登るルートもある。

■問合せ先
上野村産業情報センター☎0274・20・7070（観光などの問合せ）、上野村役場☎0274・59・2111、日本中央バス☎027・287・4422、ヴィラせせらぎ☎02

大ナゲシからの展望

向かい、ピークを越えて右への巻道を下る。ピークを越えると岩場の基部に着く。中央・左側にロープやクサリがあり、どちらを登っても大差はない。ピークに出て右へ行きクサリの岩場を登れば山頂直下の岩場で左の樹林の中に巻道がある。登り着いた**大ナゲシ**山頂には3等三角点があり、奥秩父や西上州の山々などのすばらしい展望が広がる。

赤岩峠まで戻り、赤岩岳山頂に向かおう。絶壁を左から巻き、ルンゼ状の小さな谷の中を急登していく。岩場の肩に出たら右折し岩稜を登る。樹林帯の中を急登すれば**赤岩岳**の山頂に着く。

西側の岩場からは大ナゲシや、眼下に小倉沢のニッチツ鉱山の建物が見える。

下山は往路を戻る。（津久井照夫）

74・59・2585

■2万5000分ノ1地形図

両神山

CHECK POINT

登山口の赤岩橋とチェーンのゲート

赤岩峠は県境の峠で祠があり、十字路になっている

クサリ場を登れば、大ナゲシの山頂は近い

3等三角点の大ナゲシ山頂からは、すばらしい展望が広がる

赤岩岳の岩壁に咲くアカヤシオ

アカヤシオ咲く赤岩岳の山頂

63

西上州の秘峰三山の周回コース

大山・天丸山・帳付山

おおやま 1540m
てんまるやま 1506m
ちょうづけやま 1619m

日帰り

歩行時間＝7時間55分
歩行距離＝11・3km

技術度

体力度

コース定数＝30

標高差＝614m

累積標高差 ↗1152m ↘1152m

帳付山は群馬・埼玉の県境にあり、三角点はないが、黒木に覆われた山頂は秘峰とよぶにふさわしい。国道299号で上野村に入り、新要橋手前を左折、野栗沢の丁字路を右折、奥名郷を経て登山口の**天丸橋**へ。

天丸沢に入り、堰堤をすぎて沢の中を何回も渡り返しながら登ると、正面に岩場が見え、沢は滝となる。左の涸沢を登り、右の岩場をロープで横切って滝の上へ出る。沢に下り鉄製のハシゴを登って滝の最上部に出たら沢沿いに進む。

やがて左の尾根の急登となると、背後に天丸山が見える。明るく開けた涸沢に出て、大岩をすぎると大山への**分岐**だ。ここを左に折れ、まずは大山山頂に行こう。やせ尾根や小ピークを越え、岩場を登れば**大山**山頂に着く。両神山から赤岩尾根、天丸山、北アルプスなど360度の展望がある。

天丸山へは尾根沿いに戻り、**鞍部**から県境の尾

野栗沢からの大山

途中のピークから見た帳付山

■鉄道・バス
往路・復路＝上野村へは諏訪山、大ナゲシ・赤岩岳の項を参照。

■マイカー
奥名郷から1・9㌔で天丸橋登山口。天丸橋付近に約10台駐車可。社壇の乗越手前にも駐車可。ただし24年4月現在林道通行止めにつき、後者はアクセス不可。

■登山適期
4月中旬～5月下旬はアカヤシオ、ミツバツツジ、ヒカゲツツジ、シャクナゲの花や新緑が美しい。10月中旬からの紅葉もおすすめ。

■アドバイス
▽天丸沢は増水時は注意が必要。
▽天丸山の山頂付近は山火事で荒廃していて、落石が起こりやすい。
▽大山北稜へは堰堤を越え、左からの踏跡をたどって枝沢に入り、源頭から支尾根を登ることになるが、経験者向きのルートであり、登りに利用するのが無難。

■問合せ先
上野村産業情報センター☎0274・20・7070（観光などの問合せ）、上野村役場☎0274・59・2111、日本中央バス☎027・287・4422、ヴィラせせらぎ☎0274・59・2585

■2万5000分ノ1地形図
両神山

根に急登して右折すれば、1572㍍のピークに**倉門山**のプレートがある。そのまま緩やかな尾根を行くと**天丸山への分岐**に着く。ここを右折して下ると、岩峰の基部に着く。ロープがあるが、垂直の長い岩場なので注意して登ろう。**天丸山**山頂からは先ほど登った大山や、これから登る帳付山の展望がある。

天丸山分岐に戻り、右折して尾根を下る。鞍部が**馬道のコル**で、十字路になっている。帳付山へは岩場を左から巻いて登るが、この先の登山道も尾根を巻いて登るようになっている。アカヤシオやヒカゲツツジが咲くやせ尾根や岩場が続く。

岩場をロープで下りた鞍部からは右側が絶壁の急登となり、緊張するが、ここを越えれば**帳付山**山頂はもうすぐだ。樹林の中で展望はないが西端の岩場からは、諏訪山やヤツウチグラの岩峰が間近に見え、奥秩父の小川山や御座山、八ヶ岳、蓼科山、浅間山などを望める。

下山は**馬道のコル**まで戻って左折。整備された道を下り、歩き疲れたころに林道で切通しになった**社壇の乗越**に着き、右折して林道を**天丸橋**に戻る。（津久井照夫）

大山への岩場からは両神山方面が一望できる

CHECK POINT

1 登山口の天丸橋付近

2 明るく開けた沢の中に大岩が出てくれば大山への分岐は近い

3 アカヤシオがみごとな大山山頂

4 アセビ咲く天丸山の山頂は山火事で展望がよくなった

5 帳付山の山頂は樹林に囲まれていて展望はない

6 社壇の乗越は林道で切通しになっている

64 東国文化の歴史に触れ、豊かな里山の四季を愉しむ

神成山

日帰り

かんなりやま
321m（龍王ピーク）

歩行時間＝2時間40分
歩行距離＝5・7km

技術度 体力度

コース定数 ＝10
標高差 ＝93m
累積標高差 ↗347m ↘347m

西上州のほぼ中央に位置する富岡市は、東国文化のまほろばとして古代から幾多の歴史が刻まれてきた。市の南面、鏑川の流れと上信電鉄の線路、上信越自動車道に並行して東西に稜線をもつ神成山九連峰は、別名「富岡アルプス」ともよばれる。車でも電車でもアクセスがよく、歩行時間も3時間弱と手ごろなコースなので、世界遺産の富岡製糸場とセットで観光をかねて訪れる登山者も多い。

宮崎公園から西中学校北側の**登山道入口**までは車道を歩く。季節によってとうもろこしやこんにゃく芋が植えられた丘陵地帯を抜け、学校との境界沿いのあぜ道を進むと、ユーモラスな石仏やお不動さん、板碑が迎えてくれる。最初のピークの見晴台は別名「姫天狗」ともよばれ、のどかな田園風景越しに上信電鉄の2両建ての電車（サファリペイントも）が走り、南に稲含山などの西上州の山々が遠望できる。

本丸跡を越え、宇芸神社分岐をすぎたころから、なだらかな稜線歩きが一変、急なアップダウンが続く。高低差は小さいが、さすが富岡アルプス、ところどころに南側が急峻な崖になっていて、ちょっとしたスリルも味わえる。

三角点がある**神成山**山頂は分岐のすぐ上にある。宇芸神社跡から北向きの石祠がある**打越の御嶽さん**を越えると、絶滅危惧種のニホンオキナグサ（日本翁草）が自生する鞍部へ出る。ほかにミツバツツジやシュンラン、ヤマツツジ、ウツギ、ウチョウラン、ヤマユリなどが春から秋にかけて咲き誇る。

新堀神社をすぎたら、中仙道の脇往還としてにぎわった別名「旧姫街道」の一般道まで下り、帰路に着く。途中大賀ハスの苗を分根した「古代蓮の里」でひと休みしたあと、**宇芸神社**を参拝。民家の軒先には季節の花々が咲き乱れ、路傍の道祖神や石仏が微笑みかけてくる。「日本一美しいハイキングコース」と書かれた看板が随所にある。まさに看板通り、地域の人たちのふるさとの山に対する愛着と、旅人への思いやりが感じられる里山コースだ。

（原島旨司）

■鉄道・バス
往路・復路＝上信電鉄神農原駅と南蛇井駅が最寄り駅。2021年から富岡市が運営するオンデマンドタクシー「愛タク」が運行開始。電話やスマホで予約できる。

■マイカー
上信越自動車道下仁田ICから3・3㌔、約10分。宮崎公園の上の駐車場には約10台（トイレあり）、下の駐車場には約5台駐車可。

■登山適期
通年登れるが、7～8月の真夏は避けたい。

■アドバイス
▽ニホンオキナグサの開花期は3月中旬～4月上旬。自生地は年々減少傾向だが、南蛇井駅構内や民家の軒先で見られる。

ニホンオキナグサ

▽周辺には上州一ノ宮貫前神社、世界遺産の富岡製糸場、世界記憶遺産に登録された上野三碑など、観光スポットが多い。

■問合せ先
富岡市観光協会（お富ちゃん家（ち））☎0274・62・6001、愛タク☎0274・63・8500

■2万5000分ノ1地形図
下仁田

尾根道から眺める西上州の山々

神成山全景。東西約3.5キロ、9つのピークが連なる

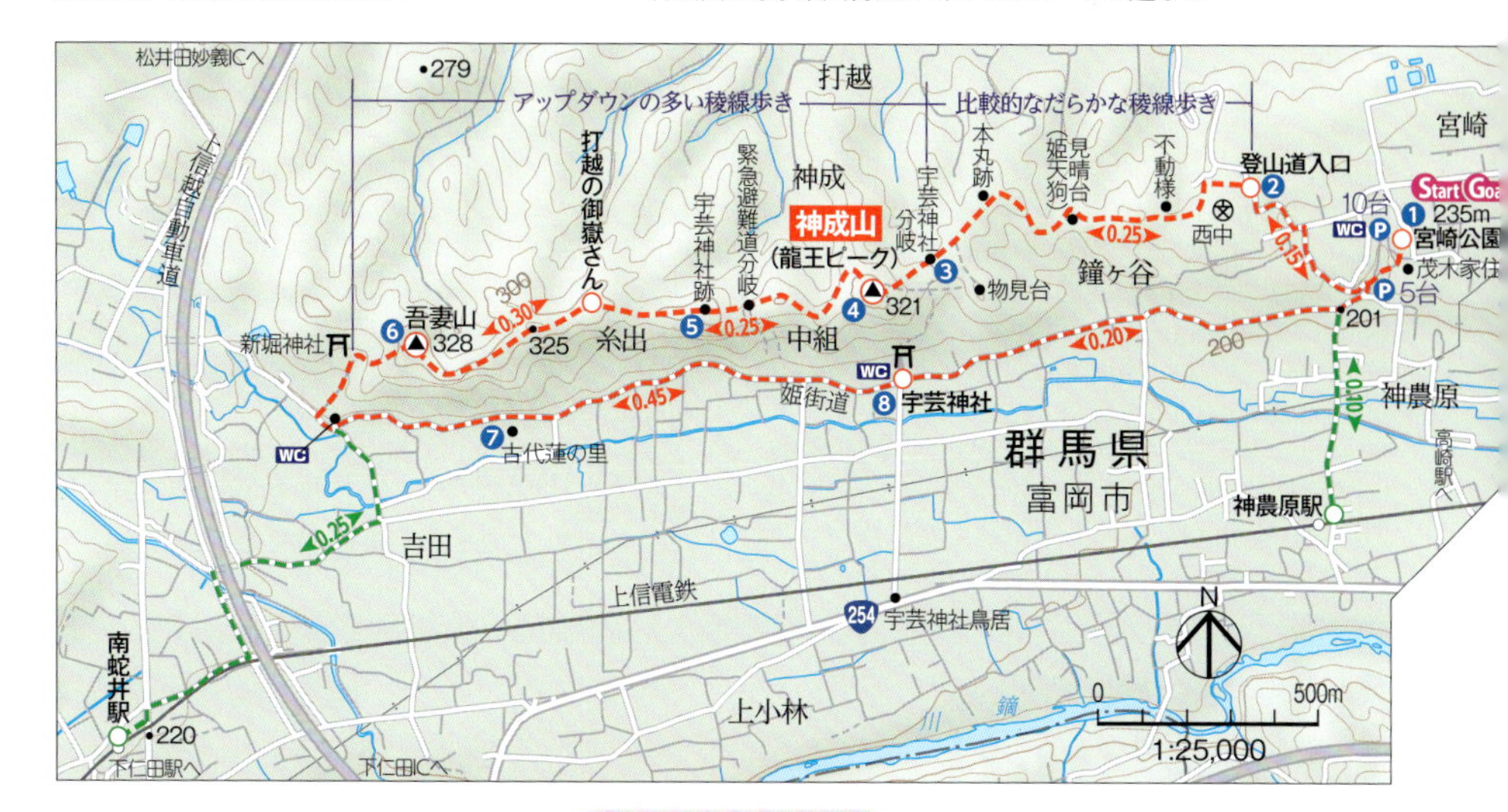

CHECK POINT

1 宮崎公園。800本のツツジの名所。日本最古の板葺き屋根民家「旧茂木家住宅」は一見の価値あり

2 登山道入口は西中学校（小幡藩の第二城として築城された宮崎城址）北の細いあぜ道で、りっぱな看板が立つ

3 境内から15分ほどで宇芸神社分岐。宇芸神社の主祭神は倉稲魂命（うかのみたまのみこと）

4 宮崎城（本城）の要害城、本丸西の物見台が別名「龍王ピーク」。三角点、登山ポストが設置されている

5 宇芸神社跡は平坦で広い山頂で、「ミニ自然博物館」と書かれた箱に、小動物などの標本が展示されている

6 富岡アルプスの西端、吾妻山山頂。高速道路越しに鍬柄岳や鹿岳、四ツ又山などの奇峰が見える

7 時越えここに種をまもりらむ……地域の人びとの思いが感じられる古代蓮の里

8 宇芸神社は延喜式神名帳上野国十二社の一社。羽根突きの羽根の錘に利用されるムクロジの木がある

●著者紹介

太田ハイキングクラブ

太田ハイキングクラブは、群馬県勤労者山岳連盟の指導のもと、1974年に誕生した。「安く、楽しく、安全に！」「山でも里でも荷を分かち合おう！」をモットーに、地域に根差したハイキングクラブとして太田市社会教育団体にも認定され、活動している。地元太田市を中心に、足利市、桐生市、大泉、邑楽などの山歩き仲間140名を超える会員が在籍している。平均年齢は60歳代半ばで、若返りが目下の課題となっている。

毎月、第2木曜夜に行われる「月例会」では、事務局報告、山行案内のほかに、年数回の登山セミナーも行っている。例会山行は技術・体力に応じた内容で、毎月20～30回ほど行われており、行先は群馬・栃木・埼玉・新潟の山々を中心に、北アルプスや東北にも出かけている。安全対策として初級実技講習会や群馬県勤労者山岳連盟が主催する講習会などにも積極的に参加している。

新しい分県登山ガイド『群馬県の山』は多くの会員が参加して、ひとつの山をいろいろなルートから登り、調査して原稿作成したものである。各コースとも毎年調査山行を実施し、正確を期している。なお、地元自治体観光課には資料提供から確認作業まで、多くの指導ご協力をいただき感謝申し上げたい。

■ 連絡先

〒373-0057　群馬県太田市本町53-1　設楽アパート201号
太田ハイキングクラブ事務所

■ 編集委員

小林 功　荒井 光　藤澤 宏　中田 滋　木村美枝子　佐藤幹男
須田知次　長岡 篤　古別府和樹　岩上 亘　城代隆良

分県登山ガイド09

群馬県の山

2016年12月1日 初版第1刷発行
2024年 5月15日 初版第6刷発行

著　者 —— 太田ハイキングクラブ
発行人 —— 川崎深雪
発行所 —— 株式会社 山と溪谷社
〒101-0051
東京都千代田区神田神保町1丁目105番地
https://www.yamakei.co.jp/

■乱丁・落丁、及び内容に関するお問合せ先
山と溪谷社自動応答サービス　TEL03-6744-1900
受付時間／11:00～16:00（土日、祝日を除く）
メールもご利用ください。
【乱丁・落丁】service@yamakei.co.jp
【内容】info@yamakei.co.jp

■書店・取次様からのご注文先
山と溪谷社受注センター
TEL048-458-3455　FAX048-421-0513

■書店・取次様からのご注文以外のお問合せ先
eigyo@yamakei.co.jp

印刷所 —— 大日本印刷株式会社
製本所 —— 株式会社明光社

ISBN978-4-635-02039-8

●編集
WALK CORPORATION
吉田祐介
●ブック・カバーデザイン
I.D.G.
● DTP
WALK DTP Systems
水谷イタル　三好啓子
● MAP
株式会社 千秋社

●乱丁、落丁などの不良品は送料小社負担でお取り替えいたします。
●定価はカバーに表示してあります。

■本書に掲載した地図は、国土地理院長の承認を得て、同院発行の数値地図（国土基本情報）電子国土基本図（地図情報）、数値地図（国土基本情報）電子国土基本図（地名情報）、数値地図（国土基本情報20万）及び基盤地図情報を使用したものです。（承認番号　平28情使、第545号）
■各紹介コースの「コース定数」および「体力度のランク」については、鹿屋体育大学教授・山本正嘉さんの指導とアドバイスに基づいて算出したものです。
■本書に掲載した歩行距離、累積標高差の計算には、DAN杉本さん作製の「カシミール3D」を利用させていただきました。